これがドクソー企業だ

大澤裕司［著］

社団法人 発明協会

はじめに

本書のタイトル「ドクソー」という言葉にはどのような意味が込められているか？　おわかりになる方がいらしたら、筆者としてこれ以上嬉しいことはない。

実はドクソーには、「独走」と「独創」の2つの意味が込められている。つまり、ドクソーという言葉は、2つの同音異義語を合わせた造語である。各章の名前などで頻繁に出てくるので、本書における重要なキーワードだと理解してほしい。

ドクソーという言葉のルーツは、社団法人発明協会で発行している月刊誌「発明」で筆者が担当させていただいた連載「ドクソー注目企業」にある。この連載は2006年にスタートし約2年半続いた。もっとも、「ドクソー」という言葉を考えたのは担当編集者だが、この言葉をはじめて聞き、その意味を理解したとき、思わず深い言葉だと頷いたことをいまでも覚えている。

「ドクソー注目企業」は業界でトップシェアを持っている、あるいは他社ではできない商品や技術を持っている中小企業にスポットを当て、商品や技術、知的財産に対する考え方、経営者の人となりなどを伝えることに主眼を置き紹介したものだった。通り一遍の企業紹介になるのをできるだけ避けるために、企業経営者が持つ人間的魅力を伝えることも目指した。考えようによっては、欲張りな企画である。

勘のいい方であればもうお察しのことかもしれないが、本書は「ドクソー注目企業」で紹介した企業事例を加筆・修正し、再構成したものである。これまで紹介してきた企業のなかから19社をピックアップし、誌面の関係で連載当時は盛り込めなかった内容や最近の動向などを盛り込んだ。全4章構成だが、そのうちの1章は「発明」誌が知的財産権をテーマにした専門誌という性格を反映して、知的財産の保護・活用に積極的な企業でまとめてみた。

連載では経営者の個性を表現する意図から、経営者の言葉はできるだけ話された通り忠実に再現したが、本書もこのパターンを踏襲している。この点は本書の表現上の特徴となるものだが、全体を通して見ると表現に統一感がないと思われるかもしれない。しかし、それは経営者1人ひとりの個性が強いからだと理解していただきたい。

本書で紹介している19の中小企業はすべてモノづくり企業である。なかには全国的に有名な企業もあるが、ほとんどが知る人ぞ知る企業といったところだろう。

この19社のうち、資本金が1億円以上の企業は2社、従業員数が100名以上の企業は1社しかない。従業員数に至っては10人未満の企業も存在する。

大企業に比べてヒト・モノ・カネという経営資源が圧倒的に不足しているにもかかわらず、トップシェアを獲得したり、オンリーワンの地位を確立した中小企業は確実に存在する。その一部が本書で紹介する19社である。

だが、19社はすべて、最初からすべて順調にいったわけではない。倒産の危機に直面したり、模倣被害や同業他社からの嫌がらせ・営業妨害を受けたりしながらも、苦労の末に乗り越え現在の地位を得た企業もある。

やることなすことすべてがうまくいった企業があるのかどうかは定かではないが、そのような企業の話だけだと、「うちには関係ない」「特別な会社の例だ」などと思われ、共感が得られない恐れがある。そこで、本書ではできるだけ、企業が乗り越えてきた苦難にも目を向け、何らかのきっかけでそれを乗り越えた末に現在があるということを強調したつもりである。

人並みかそれ以上の苦労の末に現在の地位を得たことが理解できれば、「うちも頑張ればできる」と思えないだろうか？　筆者としては、本書を通じてこの思いを強くし、明日への活力にしていただくことを期待している。

目次

目次

第3章　他社が真似できない独自技術を持つドクソー企業

第1章　トップシェアを誇るドクソー企業

天文技術を生かし高性能な機器を開発

三鷹光器株式会社

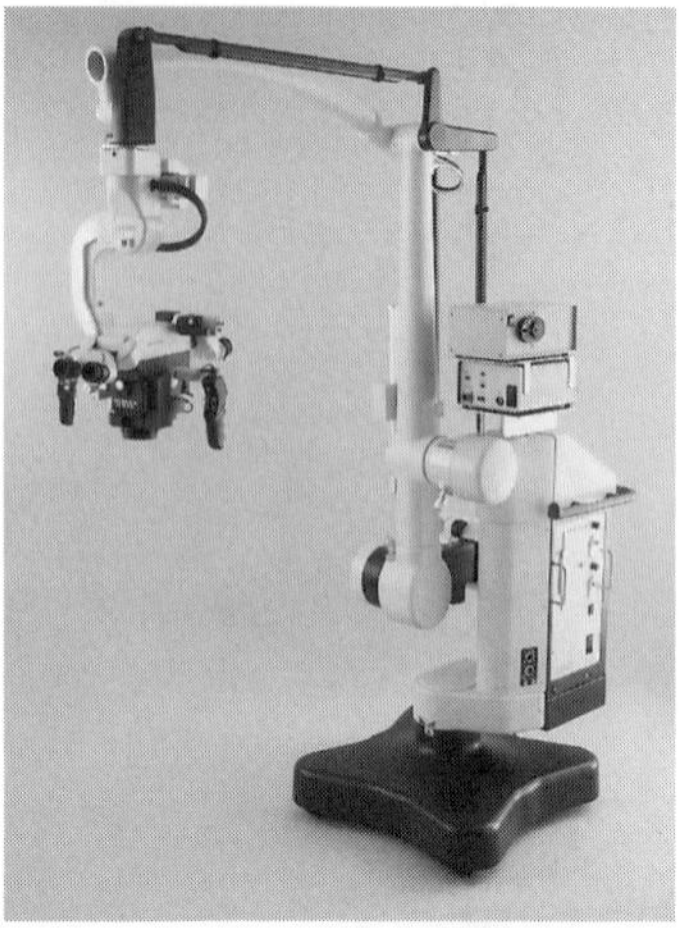

外科手術用顕微鏡「MM50 / YOH」

三鷹光器は天文機器、宇宙観測機器、医療機器、産業機器の4分野で卓越した技術力を発揮するドクソー企業。天文を原点にしたモノづくりで大手企業を凌ぐ優れた製品を開発し続けている。技術力は海外でも高く評価され、NASAやライカも注目している。また、2005年に東京商工会議所から「勇気ある経営大賞」優秀賞、東京都から「東京都ベンチャー技術大賞」優秀賞、2008年に経済産業省から産業財産権制度活用優良企業等の経済産業大臣表彰（知財功労賞）など多くの賞を受賞している。

三鷹光器と天文のかかわりは、創業者であり現会長の中村義一氏が国立天文台と深いかかわりを持っていることに端を発している。天文機器の技術・知恵を生かすことで、高性能な製品開発を実現しているのである。

天文が原点のモノづくり

東京都三鷹市。国立天文台があるこの地に、天文分野の技術を生かし技術開発に努める中小企業がある。名前は三鷹光器。現在の代表取締役会長、中村義一氏が１９６６（昭和41）年に三鷹で創業した会社だ。

三鷹光器は天文機器や宇宙観測機器の開発・製造からスタート。そこで培った高度な技術力を背景に医療機器や産業機器の開発・製造にも進出し、いずれの分野でも高い評価を受けてきた。

事業として最も古い天文機器は東京大学天文台や京都大学、東京学芸大学などの国立大学に大型望遠鏡を納入しており、宇宙観測機器はＮＡＳＡ（米国航空宇宙局）に特殊カメラが採用された実績を持つ。また、医療機器は海外で高い評価を得ており、産業機器では非接触三次元測定器「ＮＨシリーズ」で日本機械学会から２度、賞を受賞している。２００６年には天皇陛下も視察に訪れたほどだ。

一見すると、天文機器や宇宙観測機器と医療機器、産業機器には接点があるように思えないが、中村氏は「原点はすべて天文。それだけ天文の技術は進んでいるんですよ」と優しく語る。

必要な知識はすべて実践から得る

中村氏は少年のころから、モノづくりが得意だった。その理由は、自宅の隣にある東京天文台（現在の国立天文台。以下、天文台）を遊び場にしていたからである。天文台で中村氏は、誰も使っていない望遠鏡を分解するなどして、原理や仕組み覚えていった。そういった遊びをしていたこともあり「工作の授業では誰にも負けなかったよ」と自慢する。

しかし、なぜ天文台が子どもの遊び場となり得たのであろうか？　普通に考えれば、関係者以外立ち入り禁止の場所に思えるが、その理由を中村氏はこう語る。

「天文台はうちの親父を含め3名の職員でつくり上げたと聞いています。このとき、住民に立ち退きをお願いして回る役だったのが、うちの親父でした。当時、天文台の建設で立ち退きを余儀なくされた住民たちは、中村のせいで立ち退かされたと思っていたので、子どもだった私もいじめられ、外で遊ぶこともできません。そんな私にとって、いじめられずに遊べる場所が天文台だったのです」

モノづくりの才能を開花させた天文台は、いじめられず安全に遊べる唯一の場所だったのである。こういう事情をよく知っていた天文台の職員も、「中村の子どもだ」と言えば見て見ぬ振りをしてくれたという。

　また、中村氏の少年時代、日本は太平洋戦争の真っ只中にあった。そんなこともあり中村氏は、太平洋戦争中だった13歳のときに学徒動員された経験を持つ。まず、自宅近くの調布飛行場で旧日本陸軍の練習機の羽・胴体の製造、エンジンの回転数調整を担当し、その後、中島飛行機（現在の富士重工業）の工場で戦闘機の羽、胴体、エンジンカバーの製造を担当したという。学徒動員された同級生は皆、防空壕づくりに配置されたのに対し、中村氏1人だけモノづくりに携わったのである。

　しかし、13歳の少年に飛行機のエンジンの知識などあるはずもなく、戦時下では勉強する余裕もない。

「だから、すべて実践のなかで覚えていったんです」

　そう力強く言う中村氏には、叩き上げのエンジニアとしての風格が漂う。

紆余曲折を経て誕生した三鷹光器

　中村氏は終戦後、生活のため16歳のときに天文台の用地を一部借りて畑仕事を始め、17歳で天文台に就職した。天文台では、時計や望遠鏡のメンテナンス・管理を担当する一方、時計や1000分の1秒まで正確に測れる測定器の開発を命じられたこともあった。

　しかし、5年ほど勤めて天文台を退職した。退職した理由は生活と人間関係にあった。中村

中村　義一氏

氏は当時のことをこう振り返る。

「7人兄弟の長男で家族を支えなければならなかったけど、小学校しか卒業していないからたくさん給料がもらえたわけじゃなかったので、生活が苦しかった。天文台の先生方からは『給料のことは何とかするから心配するな。辞めちゃいけない』って随分言われたんですけれど、そのたびに他の職員が『なんで教授たちは中村ばかり贔屓《ひいき》するんだ。不公平だ』と言い、先生方と労働組合の間でいざこざが絶えなかったんです。これ以上いたら先生方に迷惑がかかると思い、辞めることにしました」

天文台を退職後、中村氏は日本光学工業（現在のニコン）の下請だった府中光学に転職する。府中光学では口径30cmの大型望遠鏡の設計・開発を担当したが、入社から7～8年経った頃、経営状態が思わしくなくなったことから、府中光学も退職する。

府中光学を退職後、中村氏は天文台の教授に相談したこともあり、「戻って来い」と誘われた。

しかし、二度とあんな思いをしたくないという理由から、天文台には復職しなかった。そのとき、天文台の先生から「じゃあ、自分で商売をやれ」と言われたという。

こう言われ仕方なく会社を設立することになった中村氏は、友人と共同で農機具やロケットに搭載する観測機器を開発する会社を設立する。仕方なくというだけあり、商売をする気はなかった。それは現在も同じで、「いまだに一日でも早く辞めたいって思っているぐらいです」と笑いながら言う。

友人と共同で設立した会社で中村氏は、いびつな玉ねぎの種を苗床に3㎝間隔で植える農機具などを開発していった。当時の農水大臣が視察に訪れるなど、農業関係者から一躍注目を浴びたほどだった。

しかし、友人の思わぬ裏切りにより、中村氏はその会社を去ることとなった。そして設立したのが、現在の三鷹光器である。「望遠鏡は二度とつくらないと決めていましたが、天文台の先生から怒られ、渋々つくることになりました。でも、つくる以上はだれにも負けたくないという気概はありましたよ」と中村氏は語る。

スペースシャトルに搭載する特殊カメラを開発

三鷹光器を設立し再び望遠鏡づくりを始めた中村氏は、国立大学などに大型望遠鏡を納める

2007年に打ち上げられたSELENE（かぐや）に搭載されているUPI（超高層大気プラズマイメージャー）の調整作業

など順調なスタートを切り、宇宙観測機器の開発にも進出した。そして１９８３年には、人工オーロラ観測用の特殊カメラがＮＡＳＡに採用され、スペースシャトルに搭載された。マイナス１５０℃に耐えること、というＮＡＳＡの要求に対し、三鷹光器の特殊カメラはマイナス１７０℃まで耐えたという。

このような過酷な条件下でも作動し続けた理由の一つとして、真空中でも放電しない画期的なモータの構造にあった。だが、中村氏は「特別なことはしてないよ。天文機器で一般的だった構造を採用しただけ」と簡単に言う。

三鷹光器が開発した宇宙観測機器はこれだけではない。たとえば、宇宙科学研究所（現在の宇宙航空研究開発機構。以下、ＪＡＸＡ）が１９９１（平成３）年に打ち上げ、太陽を15年間観測し続けた科学衛生「ようこう」には軟Ｘ線望遠鏡、２００７年９月にＪＡＸ

Aが打ち上げた月周回衛星「SELENE（かぐや）」には、2台の特殊望遠鏡が搭載されている。これら以外にも多くの観測機器が宇宙へ飛んだ。

術野を捕らえたら逃がさない脳外科手術用顕微鏡技術

天文機器や宇宙観測機器で技術を蓄積してきた三鷹光器は、1988年に医療機器に進出した。その理由を中村氏は、「命にかかわる医療機器は高くてもいいから良いモノが欲しいと思うので、われわれのような会社にとって商売がやりやすいため」と説明する。

三鷹光器が開発した医療機器は脳外科手術用の顕微鏡だった。開発に当たっては、米国の病院や日本の京都大学付属病院で実際の脳外科手術に立ち会い、執刀医の脇に設置するタイプを考案した。しかし導入された手術現場を観察すると、本来麻酔医がいるべきところに顕微鏡を設置していたため、麻酔医が離れたところから麻酔処置せざるを得なくなっていた。そのことにより麻酔量が多くなる可能性があり、一歩間違えると手術後に後遺症が残るか最悪死亡する危険性があることを知ったのである。

このままでは良くないと思った中村氏は、執刀医の背後から回り込む独特の形状を新たに生み出した。その結果、麻酔医が執刀医の側で適切な麻酔量で処置することが可能になった。

また、この脳外科手術用顕微鏡は、一度合ったピントが絶対にずれないという特徴を持つ。

ピントがずれないように秘密は、顕微鏡を上下に動かさないようにしていること、ピントの合った場所に回転軸をつくり、それを回転させることにある。

さらに三鷹光器は、7~8μmの分解能を持ち、25cm離れたところから赤血球も数えられる手術用顕微鏡も開発している。脳外科手術用顕微鏡といい、この手術顕微鏡といい、望遠鏡で使われていた原理や技術を用いいただけだというから驚きだ。

そして脳外科手術用顕微鏡の開発によって、三鷹光器はさらなる飛躍のチャンスをものにした。それは、ドイツの光学機器メーカー、ライカとの提携が成立したことである。提携が決まった後、両社共同で医療機器の開発を推進することになった。

ライバルの動向を見据え知財対策を練る

中村氏によれば、ライバルとなる大手企業は、三鷹光器が取得した特許の周辺技術を特許で固めようとしているという。それに対し三鷹光器は、その周辺のさらに向こう側の技術を取ることで対抗している。また、製品に一度分解したら二度と元に戻せない工夫を施しているほか、社内でも中村氏しか重要なノウハウを知らないなど、技術情報の管理に細心の注意を払い、簡単に真似されないよう対策を講じている。

三鷹光器ではこれまで、国内・海外合わせて数多くの特許を取得してきた。取得した特許のほとんどが自社実施だが、医療機器についてはライカにライセンスを許諾。三鷹光器が設計し、設計図をライカに渡す協業体制を確立している。

ライカとの提携・協業で海外での医療機器のシェアを拡大したことや、特許を活用して脳外科手術用顕微鏡や非接触三次元測定装置を開発したことが高く評価されたこともあり、三鷹光器は2008年4月、産業財産権制度活用優良企業等として経済産業大臣表彰（知財功労賞）を受賞した。特許の活用も三鷹光器の躍進を支えた大きな武器だったのである。

太陽光と海水で真水、塩、電気をつくる

卓越した技術力のほかに三鷹光器の名を世に知らしめたものに、一風変わった入社試験がある。まず、午前中に電球などのデッサンを行い、昼食を経て午後から模型飛行機づくりを実施する。しかも、昼食では必ず焼き魚を出し箸の使い方をチェック、選考基準にする。一体何のために、このような入社試験を実施するのだろうか？

その理由は手先の器用さなどといったモノづくり能力と資質を見るためにある。この形式の採用試験を始めたのはいまから20年ほど前のことで、それ以来優秀な人材を確保できるようになった。学力・知識を問う試験内容ではないので、東京大学の学生が入社試験を受けても合格するとは限らない。三鷹光器では学歴など関係ないのだ。

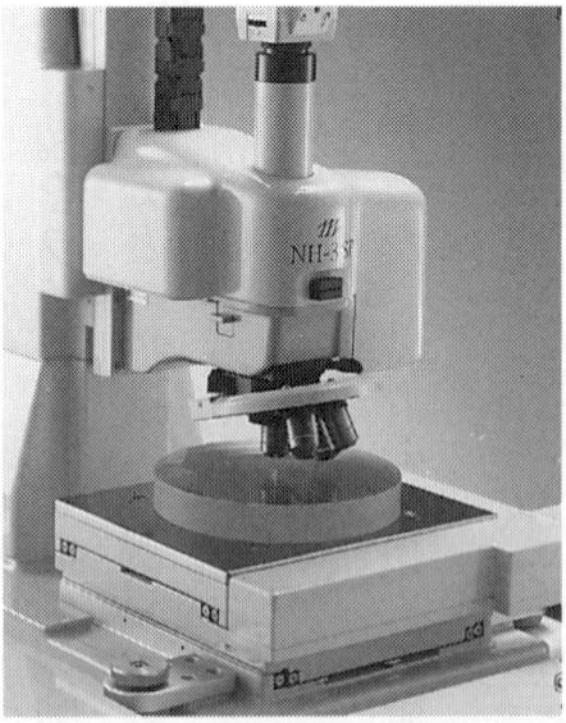

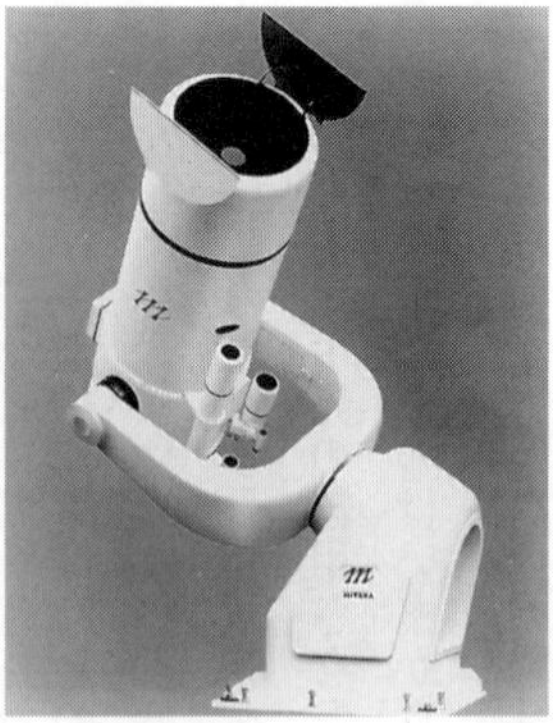

（右）有口径100cmクラス、フォーク式赤道儀に搭載したカセグレン式反射望遠鏡「GNF-1000」。（左）宇宙産業、天体望遠鏡分野で培われた技術が導入された非接触三次元測定装置「NH-3SP」

試験をパスして入社したモノづくりの能力・資質の高い社員には、直角の出し方や旋盤でのネジ切りなどモノづくりの基本が叩き込まれる。しかし、「最近、優秀な人材の確保が難しくなりました。以前は5人に1人の割合で採用できましたが、いまは20人に1人。昔に比べ質が落ちています」と中村氏は嘆く。成績優秀な工業高校生も、入社試験で模型飛行機をつくらせると無残な結果に終わる有様だという。

だが、今後の三鷹光器にとって、優秀な人材の確保はこれまで以上に重要な課題だ。それは、中村氏が自分の夢を実現するために才能ある人材を求めているからである。

中村氏の夢とは、砂漠に畑をつくること。「戦争をなくすためにはやることがあるはずです。その1つが砂漠に畑をつくり、食料事情を改善することです」と言う。そのためにまず、太陽光を使い海水を真水にすることにチャレンジしている。

その方法は、メタノールなどの石油代替燃料を製造する技術を開発するプロジェクト用に２００２年に開発したヘリオスタット（太陽集光装置）を転用し、太陽光で海水を温め水蒸気にするというもの。水蒸気を砂漠に送り、畑作に適した土地改良を進めるのである。

さらにヘリオスタットと海水を使えば、真水のほかに塩もできるほか、その過程で発生する蒸気を使えば、蒸気エンジンで発電することも可能になる。クリーンエネルギーの製造技術を手に入れることにもなるため、現在、ヘリオスタットを使った発電実験にも取り組んでおり、そのための蒸気エンジンも完成させた。

「これからは農業に力を入れるよ」と力強く語る中村氏は、２００８年で77歳になるとは思えないハツラツさが印象的だ。この夢に共感・賛同し、実現のために優秀な人材が集まることを切に希望しているという。

デザインと機能を両立させた車いすを開発

株式会社オーエックスエンジニアリング

斬新なデザインとパラリンピックの実績で、車いす業界で異彩を放つドクソー企業がオーエックスエンジニアリングだ。バイク業界から参入し、バイクづくりの哲学を車いすづくりに生かした。

オーエックスエンジニアリングは1976（昭和51）年に開業したスポーツショップイシイより1988年に分離独立し設立。翌1989年に車いす事業部を設置した。1995年に業態転換し、車いす専業メーカーとなる。

同社の車いすはパラリンピックや各種の障害者スポーツの場以外にも、スタイリングの秀逸さから、テレビドラマや映画でもたびたび使用されるほど。かっこよさと機能性を追求したオンリーワンの車いすづくりの原動力を紹介する。

バイクから車いすの世界に転進

パラリンピックに象徴されるように、現在、身体障害者のスポーツ人口が増えてきた。陸上競技やバスケットボール、テニスでは、選手が車いすを巧みに操りながらプレーするが、選手たちが使用する競技用車いす（以下、競技車）の分野で大きな存在感を放つのが、オーエックスエンジニアリング（以下、オーエックス）である。過去4回のパラリンピック（アトランタ、長野、シドニー、アテネ）で合計67個のメダルを獲得している。

代表取締役社長の石井重行氏（取材当時、代表取締役会長）が1988（昭和63年）年に設立したオーエックスの前身はバイクショップである。ヤマハ発動機出身の石井氏は退職後、二輪車の販売を行うスポーツショップイシイを開業。二輪車販売の一方で、バイク用カスタムパーツの開発・製造・販売を手がけたほか、レーシングチームを結成して市販車を改造したロードレースに参戦した。さらに石井氏自身はレーサー兼モータージャーナリストとして活躍していた。

しかし、1984年に悲劇が石井氏を襲う。新型車のテスト走行中に転倒して脊髄を損傷、下半身マヒになってしまったのだ。

個人プロジェクトから事業化

事故により車いす生活を余儀なくされた石井氏だったが、すぐさま車いすに不満を募らせる。その不満とは、デザインがかっこ悪く、機能が満たされていないことだった。

「視覚に入ってくるものは重要でしょ？　かっこよければ乗ってみたいけど、かっこ悪けりゃ乗りたくないしね。それに、乗ったら機能がちゃんとないといかんし」と、石井氏の主張は明快そのもの。飾らない言葉で、小気味よいテンポで語る姿は、バイク小僧がそのまま大人になったという感じだ。

デザイン、機能ともに満足できる車いすを欲した石井氏は、1985年から個人プロジェクトで車いすの開発に着手する。そして1990（平成2）年に1つの転機を迎えた。ドイツで開催された世界最大の自動二輪車・自転車展〝IFMAショー〟の視察に訪れていた石井氏の車いすのデザインが、現地の記者に絶賛されたのである。デザインが評価されたことで、車いすの開発に自信を得ることになった。

車いす事業に取り組むことを決意した石井氏は、IFMAショーから帰国後、さっそく日常用車いす（以下、日常車）1号機の開発に取りかかる。1991年に初の日常車「01・M」が完成、翌年にはOEM（相手先ブランド製造）供給が始まった。01・Mは1991年の東京都中小企業優良商品に選定されたほか、1992年に財団法人大阪デザインセンターの「中小企業優秀賞（工業デザイン部門）」、1995年に「グッドデザイン賞」に選定されている。

異業種から参入したオーエックスにとって、賞の受賞には大きなこだわりがあった。その理由を石井氏は「はじめての世界だったからお墨付きが欲しかったね。いくらいいモノをつくっても、仕掛けが失敗したら売れないからさ」と明かす。

もっとも、車いすに本格参入してからしばらくの間は、福祉機器業界の事情に手間取ったという。事情とは、福祉政策の関係から決まりごとが多く突出したことができないこと。「自由な発想でモノづくりをするのが難しい業界だよ」と石井氏は言う。

それでもオーエックスは、そんな業界の慣習を否定し、独自の発想で車いすの開発を進めユーザーを味方につけた。ユーザーを味方につけるための方法論として採用したのが、競技車への参入だった。

日常車の販路開拓を狙い競技車市場に参入

オーエックスの知名度を飛躍的に向上させた競技車の初の商品は、1993年に開発された四輪型テニス車「TR‐01」だった。石井氏によると、競技車への参入は日常車の販路開拓を狙ったもので、当初は30台ほどを一流選手に無償提供した。

石井重行氏

　競技で好成績を収め、知名度と評判を高めた結果、「オーエックスの日常車を売ってほしい」という依頼が増え、他社の販売店でオーエックスの日常車が売られるようになった。売り上げに占める競技車の割合は、現在7%程度で、残りは日常車だというから、石井氏の思惑は見事に的中したといえる。

　現在、オーエックスで開発している競技車は陸上競技用、テニス用、バスケットボール用の3種類。陸上競技用に関しては国内で約90%のシェアを持っている。このほかテニス用が50%弱、バスケットボール用が30%程度だという。

　しかし、石井氏はこの状況を戒めるかのように「競技用のシェアは30~40%でいい」と言う。シェアが大きすぎると競争原理が働かなくなり、新しいモノができなくなるからというのがその理由である。

競技車の技術を日常車にフィードバック

オーエックスでは日本市場の規模を1万人程度と推定し、対象となるお客さんはいいモノに乗りたいと思っている人、頻繁に外出したい人、としている。この状況を指し、石井氏は「もう成長はねぇな。って言うか、したくない」と語る。

したくないとはどういう意味か？　石井氏は続ける。

「これから成長していくと、結局安売りの世界に入っていくわけだよ。数の勝負はやめて、オンリーワンで生きていきたい。われわれの仕事に付き合ってくれるお客さんにとっても、そのほうが合うんだよ」

オンリーワンの車いすを愛用し付き合ってくれるユーザーは、アイデアも出してくれる大切な存在。オーエックスではこうしたお客さんと長く付き合っていきたいと考えている。ユーザーと長く付き合いたいという意思を表すために、車いすのフレームに10年保証を付けたほどだ。

オーエックスではオンリーワンを追求していくにあたって、まず日常車に要求される基本特性を軽量・コンパクトと定めた。そのうえデザインがよく、ブレーキなどの機能も高レベルで、なおかつ安価とすることにした。

実際、オーエックスの車いすは、それまでの車いすのイメージを覆すに十分な斬新なデザインで、オンリーワンの匂いが強くする。「まず、かっこ悪いのは許さない。機能と一緒に納得いくまでデザインを追求していくと、かっこよくなっていくんだよ。不思議なんだけどね」と石井氏は言う。

一方、競技車の場合、競技種目により要求される特性が異なる。まず陸上競技用は、まっすぐ速く走ることができ、なおかつよく曲がりブレーキが利くこと。テニス用では素早い旋回性が重視される。そしてバスケットボール用では旋回性やブレーキ性能、操作性が求められる。もちろん日常車と同様、デザインも意識されるが、デザインと同レベルで競技に勝つための技術開発に力が入る。

レース用車いす　GPX

競技車で開発された技術は後に、日常車の開発にフィードバックされ、機能を向上させている。つまり、競技車の開発が日常車のための技術開発になっているというわけだ。これは、二輪／四輪車メーカーがレーシングマシンの技術を市販車に採用するのと同じことで、二輪車業界にいた石井氏らしい発想である。

なお、オーエックスが保有している知的財産は、グループ全体で特許2件、実用新案2件、意匠1件だ。

車いすを工業製品にする

オーエックスではかっこよさのほかにもう一つ、車いすで追求したことがある。それは、用具というイメージの強い車いすを工業製品にすることだった。これも、二輪車業界にいた石井氏らしい発想だ。

車いすは百人百様であり、一人ひとりの体や状態に合わせないと使い物にならない。したがって、一人ひとりに最適な車いすをつくるとなると、すべてオーダーメードでつくることになる。

しかし、オーダーメードは時間がかかりすぎる。石井氏が初めて車いすをオーダーしたときも、納品まで3カ月かかったという。工業製品にするには、生産効率をよくし納期を短縮する必要があった。

そこで、新規参入にあたり、注文から3週間後には納品できるつくり方を検討した。その際着目したのが、やはりバイクであった。バイクは部品を組み付けてつくっていく。車いすでもあらかじめ部品を用意しておき、注文内容に応じた部品を組み付けていけば時間はかからない。

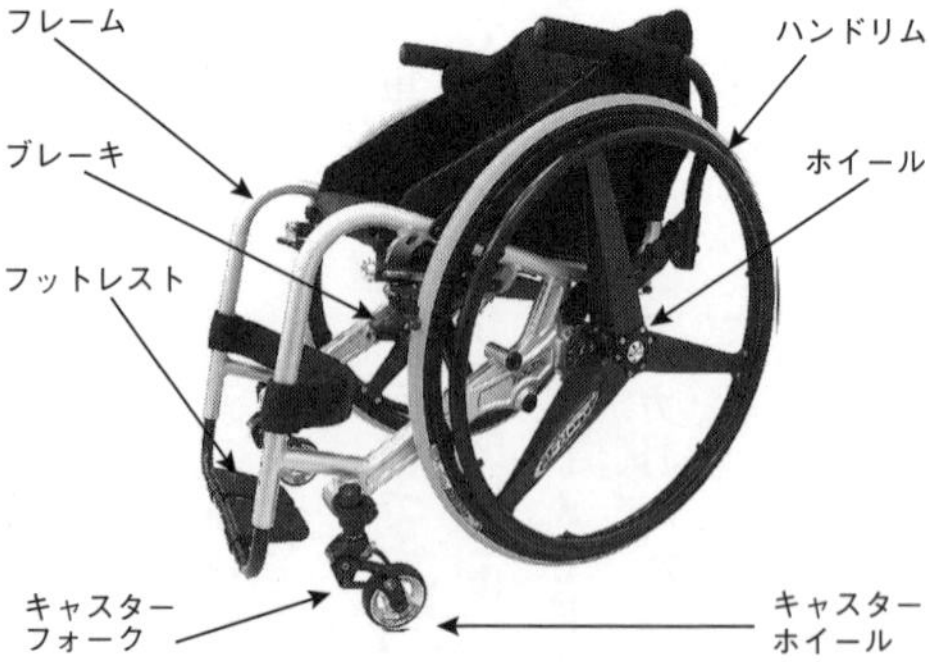

競技車両との融合から生まれた日常車いす「ZZR」と構成モジュール

その結果採用されたつくり方が、「モジュラー式」と呼ばれるものである。モジュラー式とは、ユーザーが選択したモジュール（部品）を組み付けていくことで完成させる生産方式のことをいう。あらかじめモジュールの在庫を持って生産するため、工業製品としての性格も強くなる。

日常車は大きく分けてフレーム、キャスターフォーク、キャスターホイール、フットレスト、ブレーキ、ホイール、ハンドリムという7つのモジュールで構成されている。ユーザーは、各モジュールのなかから好きなものを選択することで、希望する車いすができることになる。全モデルが注文から3週間後には納品することが可能になったほか、すでにフレームが塗装済みであれば、その日のうちに工場から出荷することもできるという。色も100色以上用意しているほか、2トーンの塗装もできる。

それまでの車いすはフレームに塗装されることなどなかったので、塗装されるだけでも大きな差別化なるが、

100色以上用意しているとは驚いた。たしかにカラーバリエーションが豊富だとユーザーにとっては選択の幅が広がり個性を演出することができるが、工場からすれば塗装は面倒で、いわゆる3K作業だからだ。

では、なぜ面倒くさいことに敢えて取り組んでいるのか？　その理由を石井氏はこう語る。

「お客さんが喜んでくれて、うちに向いてくれればそれでいい。お客さんだってそれなりの金を払ってくれるんだから、なかには塗装してもらいたい人もいるわけだし、『できません』って言って断っていれば大手には勝てないよ」

つくり手の都合ではなく、あくまでもユーザーの視点に立った決断。ユーザーを味方にする姿勢は、こんなところにも表れている。

バイクの世界に復活

オーエックスは1993年から車いすに市場に本格参入し、以来車いすの開発・製造に特化してきたが、この数年、車いす以外の事業も本格化させている。

まず2006年に自転車ブランドの「OX　BIKES」を立ち上げ、自転車の販売を始めた。ラインナップしているのはアルミフレームの小径スポーツ車と折りたたみ式自転車の2種。小径スポーツ車は用途や好みに合わせてロードタイプ、ロードレーサー、オフロードタイプ、などといった幅広い組み合わせやセッティングが可能という特徴を持っている。

また、二輪車の世界にも久しぶりに復活。オリジナルのカスタムバイクやレースマシンの開発・製造・販売を始め、２００７年には15年ぶりに二輪レースの世界にも復活した。復帰初戦となった9月16日、全日本モーターサイクルクラブ連盟がＦＩＳＣＯ（富士スピードウェイ）で開催したクラブマンロードレース「２＆４クラス」の第４戦で、予選１位・決勝１位のポール・トゥ・フィニッシュを記録、華々しく復帰を飾った。15年のブランクを感じさせない会心の勝利だったが、ユーザーサポート体制を確立するという理由から、２００８年からレース活動をいったん中断することにした。

バイクづくりを再開したことで石井氏は、「車いすづくりに絶対生きてくる」と言う。それは、車いすだけつくっていると視野が狭くなり発想に限界が出てくるからである。多種多様な経験を積んだ方が、従来の発想では考えられなかったユニークな車いすができる可能性が高いというのだ。

俺と同じ人間はいらない

オーエックスの車いすやバイク、自転車の開発は、開発専門のグループ会社であるＭ２デザイン研究所が担当し、デザインと機能の両方を満たしたモノづくりが行われている。両立が難しいこの2つの要素を両立させるために、開発者には大きなプレッシャーがかかる。

だから、開発者はときに、開発に失敗することもある。そんなときは次の開発案件で石井氏が一緒に手伝い、開発者に手柄を立てさせる。一度喪失した自信を回復するのは容易ではないからだ。失敗が尾を引くことがないようにするためにも、「失敗した後に成功まで持っていくことが俺の仕事」と石井氏は言い切る。

人材に関しては今後、オーエックスを切り盛りしていける人材の育成が課題になっているという。これから先、もう一段ステップアップしていくためには、新しい時代を切り拓くことができる新しい考え方を持った人材を育成することが不可欠。だから「俺と同じ人間はいらない」と石井氏は明言する。

しかし、石井氏と同じ人間は不要でも、残したいものはある。それはイズム、言い換えれば企業のＤＮＡである。時代や人が変わっても、これが継承できればその会社「らしさ」は何十年と受け継がれていく。石井氏も「うちもそうありたい。とくに小さい会社は、お客さんのためにもそうしていかなければならない」と言う。

小型特殊電球を手づくりで製造

細渕電球株式会社

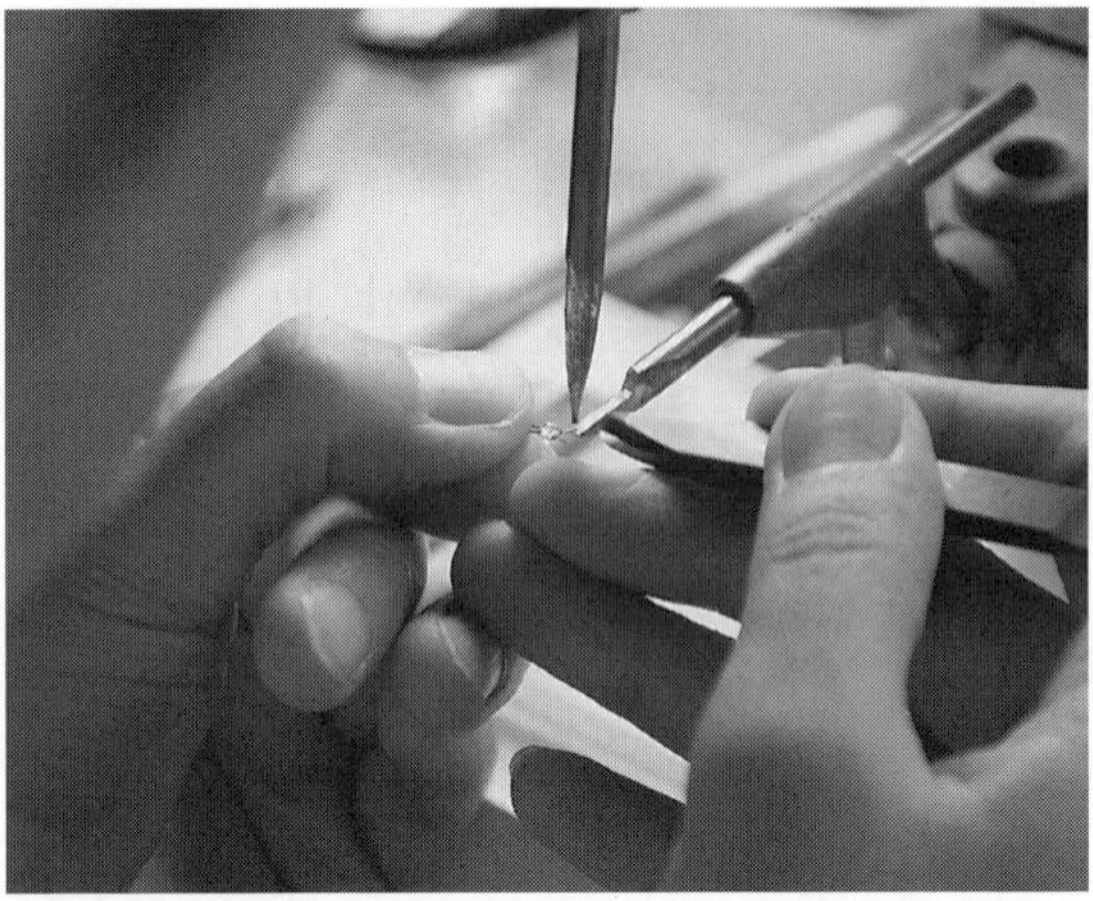

継線《けいせん》と呼ばれるフィラメント接合作業

機械で自動的に製造されるのが一般的な電球にあって、いまなお手づくりで電球を製造するドクソー企業が細渕電球である。1938（昭和13）年、東京都北区に細渕特殊電球として創業した当時はウインカーなどの自動車用電球を製造していたこともあったが、医療機器用を中心とした小型特殊電球の開発・製造に特化するようになる。また最近は、医療機器そのものにも進出し、業容拡大も積極的に進めている。

最大の特徴である手づくりは、高レベルの技を持つ職人の力を結集して実現している。機械で±0・5㎜のフィラメントの位置合わせ精度が、細渕電球は手作業で±0・1㎜を可能にするほど。機械の精度を上回る高い技術力が、他社ではできない電球づくりを可能にしている。

小型特殊電球の開発・製造に特化

一般家庭用では蛍光灯に主役の座を譲ってしまった感のある電球だが、その種類や用途、大きさはさまざまあり、メーカーによって得意分野が異なる。なかでも細渕電球は、医療機器などに使用される小型特殊電球の開発・製造に特化した企業として、業界内で確固たる地位を確立している。1カ月に生産する電球は300種類にも及び、のべ2000種類の商品アイテムを持つ。

しかも、生産は検査工程以外はすべて、職人の手作業によって行われる。毛髪より細いフィラメントをステムと接合したりするのも、職人の手作業だ。代表取締役専務の高橋建志氏によれば、他社のフィラメントの位置合わせ精度はよくて±0・5㎜なのに対し、細渕電球は±0・1㎜の精度で合わせる技術を唯一持っているという。この±0・1㎜という位置合わせ精度は、機械でも実現不可能ということなので、技術力の高さは折り紙つきだ。

細渕電球の技術力の高さを証明する一つの歴史的出来事がある。それは、1954（昭和29）年に世界で初めて実現した胃壁のカラー撮影に使用された内視鏡に、細渕電球が開発した電球が搭載されたのである。

この電球は東京大学から依頼を受けて開発したもので、写真撮影用の高輝度ランプと照診用の発熱しないランプを一体化した。電球の直径は15㎜。食道のそれより当然小さく、そのうえ用途の異なる2つの電球を合体させたのである。

カラー撮影の成功は、病巣を鮮明に捉えることや病気の早期発見をもたらした。細渕電球の技術が、その後の医学の進歩を陰で支えたと言ってもいいだろう。

1ロット100〜200個が象徴する特殊性

細渕電球は1938年に設立された。当初は曲がる方向にアームを突き出す矢羽根式ウインカーのランプなど自動車用電球を製造していたこともあったが、内視鏡用の小型電球を開発したことをきっかけにして、医療用を中心にしたニッチな分野に特化した小型電球の開発・製造を進めることになった。医療機器のほかにも、光学機器や分析機器、半導体製造装置、鉄道信号など、あらゆる産業分野で活用されている。なかでも検眼機器用の電球では、80％のシェアを持っているという。

電球はすべて、ユーザーの求める仕様から電流・電圧・寿命・明るさの4要素を検討し、オーダーメードで設計される。細渕電球でしかつくれない、あるいはつくっていない電球が数多くある。

しかし、特殊な用途に使用される電球ゆえ、生産量は極めて少ない。1ロットあたり

1000～2000個というのはザラだ。「うちには生産量の多いモノは来ないですよ。1ロット5000個を超えたら多いほうで、最大でも1万個です」と高橋氏は語る。1日あたりの生産量でみた場合、1種類で数百個、全種類合わせても数千個にしかならない。

ちなみに、同じ光源の蛍光灯は、一般的な製造工場で一日に約25万本生産されるという。単純に比較しても、細渕電球の電球がいかに少量かということがよくわかるだろう。

すべての職人が持つ高い技術を結集

電球は主に、フィラメントとステムを溶接する「継線」、フィラメントの不純物を取り除き形を整える「フォーミング」、ガラスにフィラメントを入れて密閉する「封止」、ガラス内を真空にして不活性ガスを封入する「排気」工程を経て完成する。

このなかで一番難しい工程が封止である。ガラスをガスバーナーで熱しガラス管をつくる作業も封止工程の担当だ。手作業による封止は「日本ではもはや、細渕電球でしか行っていません」と高橋氏は言う。

排気後は、電球と口金を石膏などで接続して仕上げ、投影機でフィラメントの位置を±0・1㎜の範囲内で調整・検査。電球の明るさを計測したり、エージング（慣らし）後に再度、点灯試験を行ったうえで最後にマーキングして出荷となる。検査には1000万円ほどする分光放射計を導入しており、他社も借りに来るほどだという。

職人の手づくりと聞くと、1人で全工程を担当するようなイメージを持つが、生産は分業制で、1個の電球をつくるのに多くの職人が関わっている。長い時間をかけて培われた職人たちの高い技術すべてを結集してつくられているのだ。過去、細渕電球ではハロゲンランプの製造に関して実用新案を取得したこともあるが、製造ノウハウなどは基本的には権利化せず、社内で守ることにしている。

また、分業制による電球づくりは細渕電球の社訓、「たゆまぬ努力と人の和」を体現するものでもあった。高橋氏によれば、1人でつくることができる電球もあるが、そのような電球は他社でもつくれるため廃れていっているという。

1人のミスも許されない電球づくり

現在、細渕電球で電球の生産に携わる職人は25名ほど。キャリア10~40年のベテラン職人を擁している。彼らが持つ技術により、機械でも不可能な高いフィラメントの位置合わせ精度や、みゃくり（厚みの不均一）のないガラス管づくりが実現し、鮮明な映像を提供する高い信頼性を持った医療機器が実現するのである。

電球を1個製造するのに関わる職人すべての経歴を累計すると、軽く100年を超える。1

人がミスをすると、それまでに関わった職人の経験すべてがムダになるので、たとえパートでもミスは許されない。1人のミスも許されない高い緊張感のなかでプロが製造に携わるからこそ、他社ではできない高精度な電球づくりが実現し、生き残っていけるのである。

したがって、電球づくりの生命線は、職人一人ひとりが高いプロ意識を持って仕事に臨むこと、能力を安定して発揮することにある。これらは言葉で言うほど簡単なことではない。とくに、職人一人ひとりに高いプロ意識を叩き込むことは容易ではないだろう。高橋氏のこんな言葉からも、それはうかがい知れる。

高橋建志氏

「60歳を超えたベテランの職人は若い頃、落ちている材料を拾い、仕事が終わった後、夜遅くまで練習していたといいます。自分で這い上がり早く一人前になろうという意識が強かったんですが、時代が変わり現在は、会社側が残業時間中に材料を使い練習していいことにしています。残業代も出していますが、それでもやるのは2、3名しかいません。自発的に練習してもらうのが無理ですので、指名して練習をお願いするようにしています。プロ意識の高い職人を育成するのが難しいです」

社内を活性化する「手作り電球スクール」

もう一方の職人たちが安定して能力を発揮することについては、彼らが仕事に誇りを持ち、モチベーションを高める仕掛けが必要になる。そこで細渕電球では、職人の仕事に対する誇りを喚起する取り組みとして、6年ほど前から「手作り電球スクール」を開催、社内の活性化を図っている。

スクールはこれまで、20回以上開催した。最近は春休みと夏休み時期の年2回開催となっているが、子どもから大人まで幅広い年齢層の希望者が、全国から集まってくる。カリキュラムは工場見学や実際の電球製作のほか、高橋氏が白衣を着て〝エジソン高橋〟というキャラクターに扮し、エジソンの紙芝居を行うなど内容は盛りだくさんだ。

しかも、子どもは無料で参加できる。大人については集まりすぎるという理由から6000円の参加費をもらうことになっているが、6000円出せば世界でたった1個の電球ができるのだから、安いものではないだろうか。

スクールでつくる電球は子どもがエジソン電球で、大人は顕微鏡用電球と違いがある。電球

機械封止工程。瞬きも許されないような微細な作業が次々と行われる

づくりの全工程を体験してもらう本格的なものだが、果たして子どもたちにちゃんと電球がつくれるのだろうか？　という疑問が湧く。しかし高橋氏は、「炭と膠《にかわ》でフィラメントを付けたりするだけなので、子どもでも簡単にできるんです」と言う。

電球をつくる体験はとくに、子どもたちにとっていい思い出になっている。それは、後日送られてくる礼状からうかがい知ることができる。スクールに参加した子どもの保護者から「子どもが自分でつくった電球を抱えて寝るんです」といった微笑ましいものから、「息子はカメラマンになりたいと言っていましたが、今日からカメラマンと電球職人に変わりました」といった頼もしいものまで、多くの感想が寄せられるというのだ。送られてきたスクール参加者

排気工程。連続工程であるがゆえにミスは許されない。職人の誇りをかけた緊張感が職場に張りつめている

からの礼状は社内の食堂の壁一面に掲示され、社員の誰もが目にすることができるようになっている。

スクールを開催することによる社内活性化の効果は大きい。その効果を高橋氏はこうまとめる。

「私が『わが社の電球は医療機器などに使用され社会貢献していますよ』ということを話すよりも、子どもたちが職人に向かって直に『すごい!』『こんなことができるの!』と言ってもらったほうが、職人のモチベーションは100%向上し、自分の仕事に誇りを持つようになるんです」

子どもたちが発する驚きや尊敬のひと言は、何にも増して強力な明日への活力となっているのである。

夢は大学病院の設立

依頼を受けてから設計・試作し、最終的にはオーダーメードの電球を完成させる細渕電球は、ユーザーにとっては頼もしい存在である。それは「他社がつくれない、つくらない、つくりたくないモノをつくり、納める」という細渕電球の行動指針がもたらした結果といえよう。

しかし、「当社のような町工場は、お客さまからの依頼を待つ『待ち工場』では生きていけません。会社は大きくしなければならない、というのが私の持論です」と高橋氏は主張する。これを実現するために細渕電球ではこの数年、攻めの経営を積極的に展開している。

まず2001（平成13）年に、オリジナルの特殊電球を開発した。開発したのは、紫外線を透過する特殊ガラスを使用した紫外線透過レンズランプで、主に血液分析機などに使用される。既存のレンズランプと比較して分光放射照度（＝明るさ）が2倍に向上。先端がレンズ状になっていることもあり、機器を小型化することもできる。

また、2004年には合格祈願用として、鉄道信号用の電球をベースにした「合格電球」もつくり、販売を始めた。フィラメントが切れない・落ちない・外れないつくりをした縁起物で、3万時間点灯させることができる。受験シーズンになると飛ぶように売れ、ときには「合格しました」という嬉しい知らせも届く。

さらに、2007年には医療機器に進出。口腔外科で使用する額帯灯を開発し、同年7月から販売を開始している。

額帯灯は口腔外科手術の第一人者である香月武氏（佐賀医科大学名誉教授）の協力を得ながら開発したもので、通常のものより2倍明るく奥深くまで見られる専用の特殊電球を搭載。災害被災地や辺境地、電力供給が不安定な地域での医療活動を考慮し、バックパック式の太陽電池式充電池も装備している。すでに受注が相次ぎ、今後世界的拡販に注力していく考えだ。そのために取扱説明書も、日本語のほか英語、フランス語、スペイン語でも用意している。

高橋氏は現在の細渕電球を「第3創業期」と位置づけており、額帯灯はその幕開けを象徴する商品にあたる。これは医療機器を将来の成長の原動力にし、細渕電球を永続させるという意思表示そのものだ。

「お客さまからのオーダーに基づいて電球をつくるだけでも食べていけないことはないですが、職人たちの腕が鈍らないような形でつくれる電球をつくり続けるためには、それを搭載する機器がないといけないわけです。だから、自分たちで医療機器をつくり販売するという発想が生まれました。いま、若い職人が15人ほどいますが、彼らが20年後、30年後も職人として生活できるように会社を継続させるためには、お客さまからオーダーが来るのを待っているだけではダメなのです」

高橋氏はこう語る。そして医療機器への進出は細渕電球の企業理念である「全従業員が物心ともに幸福になる」の「物」の幸福を追求する１つの手段だという。

こうして医療機器にも進出した現在、「将来は大学病院をつくりたい」と高橋氏は夢を語る。そこで、シュバイツアーのように世界中で活躍する医師を育成したいというのである。しかし、「社内でこういう話をすると、従業員は『また高橋が大風呂敷を広げてるよ』という反応をするんですよ」と笑う。

もっとも、夢を実現する前段として、高橋氏は「電球と医療機器をきちんとつくり、社員がきちんと生活できる状況を実現する」と付け加える。夢に描いた明るい未来を期待したい。

業務用ミラーの開発・製造に特化

コミー株式会社

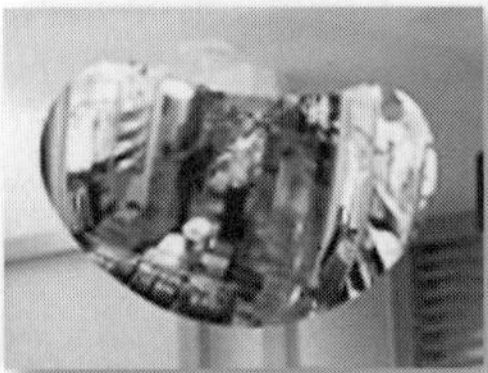

ミラーが万引き防止に役立つ――。この事実を知り業務用ミラーのドクソー企業として歩み出したのがコミーである。死角をなくす気配りミラーは航空業界も認める高い技術力を誇る。

社長の小宮山栄氏は日本精工を退職後、自動車修理工や百科事典のセールス、看板業を経験。その後、1967（昭和42）年に東京・駒込で、シャッターなどに文字を書く「小諸文字宣伝社」を設立した。翌1968年に「コミー工芸」と社名変更、1973年に株式会社組織とした。1982年に看板業から撤退してミラー専業となり、1999年に現社名に変更した。

紆余曲折を経て設立に至り、業態を変えていったコミーというドクソー企業の商品開発に対する考え方などを検証してみたい。

防犯ミラーから気配りミラーへ

ミラーは私たちの生活で身近なモノの1つであり、家庭以外でも多くの場所で見かける。店舗や工場、公共施設、交通機関、銀行のＡＴＭ（現金自動預け入れ払い機）など至るところに設置され、主に防犯や安全対策向けに使用されているのはご存じのことだろう。

これらの業務用ミラーの開発・製造に特化した会社がコミーである。防犯ミラーの国内シェアは、推定で70～80％にのぼる。

現代表取締役の小宮山栄氏が１９６７（昭和42）年に創業したコミーは当初、店舗などのシャッターに文字を書く看板業としてスタートした。その後ほどなくして、モーターを利用した回転看板を開発し、提供を始めたという。

当初はミラーとは縁がなかったコミーだが、１９７５年に初めてのミラー「回転ミラックス」を開発する。これは2枚の凸面鏡を貼り合わせ、なかにモーターを組み込んだもの。チェーンで天井から吊るし回転させて使用するディスプレー装置として考案されたものである。

このときのことを、小宮山氏は次のように振り返る。

「回転ミラックスはミラーを回転させることだけを考えてつくったもの。遊び心でつくったようなものです」

しかし、この回転ミラックスが後に、コミーに大きな転機をもたらすことになる。時は1978年。店舗用品の総合見本市「JAPAN SHOP'78」に出展し回転ミラックスを出品したところ、好評を博し大量の受注を得た。そこで後日、小宮山氏は回転ミラックスのユーザーに使用目的を確認したところ、もともとディスプレー装置として考案された回転ミラックスが、意外なことに万引き防止のために活用されているのがわかったというのだ。

これをきっかけにして、コミーの事業は当初の防犯ミラーの開発・製造・販売にシフトし、1982年に看板業から撤退した。

また、コミーでは現在、防犯ミラーのことを「気配りミラー」と称している。これは、コミーがユーザーから、ミラーを接客サービスの向上に役立てているということを教えられたことがきっかけになっている。それまでの防犯・安全目的のほかに、ミラーで客の行動を確認し、思いやりのある接客行動を素早く、適切に行うために利用されていることを知り、名称を変更したという。

「思っていたことと違う結果が出ることは多いものです。でも、これが意外に面白いときがあります」と語る小宮山氏。もともとディスプレー用に開発したものが、万引き防止に効果があったのだから、このように思うのは意外なことではない。

凸面鏡なみの広い視野を持つ平面鏡

現在、コミーでラインナップしている業務用ミラーは約80種類。「凸面鏡」と「ＦＦミラー」がともに40種類ほどだという。マーケットに合わせて開発していった結果、ラインナップが拡大した。

コミーの業務用ミラーのなかでも独創性が最も高いのがＦＦミラーである。ＦＦミラーとはファンタスティック・フラット・ミラーの略で、コミーが独自に開発したもの。１９８８年の発売開始以来、ロングセラーを続けている。他社ではつくっていないオンリーワン商品である。

ＦＦミラーの最大の特徴は、平面鏡ながら凸面鏡なみの広い視野が得られることにある。また、ほとんどが耐熱性に優れ強度が高いポリカーボネートでできており、表面に特殊な表面処理加工が施されていることから傷もつきにくい。当初はエレベーターに取り付け、人の置いてきぼりや誤って挟むのを防ぐほか、荷物の置き忘れがないかを確認する用途を想定してつくられたが、現在では用途開発が進み、車庫の出口やＡＴＭ、旅客機などでも使用されるようになっている。

とくに旅客機に関してはボーイング、エアバスの航空機メーカーで正式採用されているほか、日本航空や全日空、スカンジナビア航空など、日本をはじめとする世界各国の航空会社で採用

普通の平面鏡、凸面鏡、FFミラーとの比較

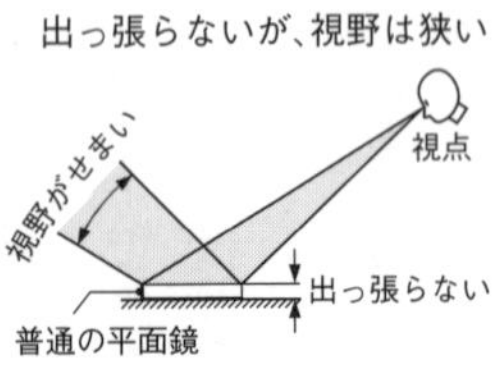

普通の平面鏡

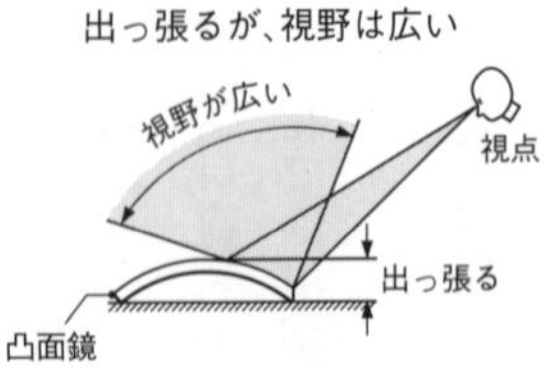

凸面鏡

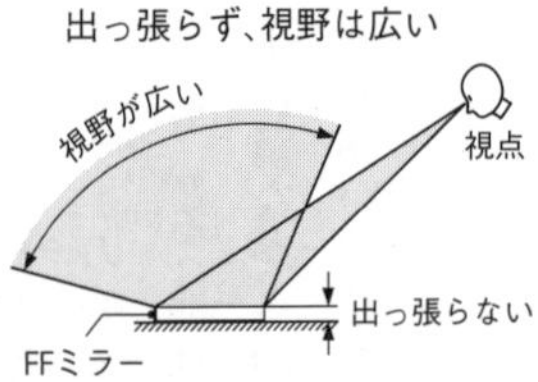

FFミラー

旅客機内のビンで忘れ物やセキュリティチェック

が進んでいる。用途も座席上部の手荷物入れ（ビン）の忘れ物確認のほか、客室乗務員の機内確認、座席からベビーベッドに寝かせた赤ちゃんの表情の確認、など多岐にわたる。あまり気づかないかもしれないが、旅客機には実に多くのミラーが使われているのだ。

凸面鏡なみの視野の広さがもたらす効果は絶大である。ビンのなかに取り付ければ、簡単に奥を確認することができ、忘れ物の防止に役立つ。また、ＡＴＭに取り付ければ、暗証番号を盗み見ようとする不審者に気づくことができる。

また、ＦＦミラーはオンリーワン商品であるが、何度も見直しを行い機能の向上を図ってきた。ユーザーから剥がれたという連絡があればミラーを留める両面テープを見直し、割れたという連絡を受ければミラーの材質をアクリルからポリカーボネートに変えた。こうした改良をして以来、ＦＦミラーが剥がれたり割れるということがなくなったという。見えないところで絶えず機能向上を図ってきたことも、ＦＦミラーがオンリーワン商品であり続けてきた大きな理由だといえる。

手品師はタネを明かさない

では、なぜＦＦミラーは凸面鏡なみの広い視野を得ることができたのか。その秘密を知りたいところだが、小宮山氏は「タネを明かさないほうが尊敬され、価値もあります。手品師が手品のタネを明かさないようにするのと同じで、教えられません」と言う。ただし、「つくる際はデリケートさがかなり要求されます」とのことだ。

手品をFFミラーとすると、タネは凸面鏡なみの広い視野を得るためのノウハウ。ノウハウが知られてしまえば、簡単に模倣されてしまうというリスクを背負ってしまう。つまり、リスクを回避する観点から、ノウハウが知られないよう神経を尖らせているのである。

「私は経験がありませんが、仲間の会社の商品がいつの間にか中国企業に模倣されたということが頻繁に起こっています。模倣される心配をしないためにも、ノウハウは明かしません」

小宮山　栄氏

小宮山氏はこのように語る。現実に模倣被害は起きていないとはいえ、いらぬ心配事が起きないように細心の注意を払っていることがよくわかる。

この考え方はFFミラーに限らず、コミーの商品全般に通じるもので、知財戦略にも反映されている。特許を取得すると独占・排他権を得る一方で、その内容を公開しなければならないので、重要なノウハウについては特許で出願しないのだという。何から何まで特許で守るのではなく、重要なノウハウについては公にしない方針なのだ。FFミラーについても、明かせないノウハウは特許出願されていない。

一般ユーザー向け商品はつくらない

ノウハウを徹底して守る姿勢は、ターゲットとする市場にも表れている。コミーでは、業務用にターゲットを絞って商品を開発・販売し、真似される危険が高い一般ユーザー向け商品の開発・販売を行っていないのである。

市場の大きい一般ユーザー向けの商品を販売すれば、一時的には儲かるかもしれない。しかしその分、真似する会社も多く、やがて競争状態に陥る。そこでコミーは、市場が小さいため競争が起きにくく、真似される危険性が少ない業務用に特化しているのである。競争を避けることが企業戦略なのだ。

しかし、コミーでも一度だけ、一般ユーザー向けの商品を開発・販売したことがあるという。それは家庭用ミラーボールだが、結局は失敗に終わった。

このミラーボールは、ランプメーカーと共同で専用の照明器具を開発したほどで、デパートなどでも販売された。しかし、販売を開始して半年~1年の間に、似たような商品が出回るようになったという。市場での競争が始まったこととトラブルが重なり、結局、家庭用ミラーボールからは撤退することになった。

面白いモノを自由に開発する

コミーの商品開発を語るうえで重要なキーワードがある。それは「遊び心」である。これは言い換えれば、面白いと思ったモノを自由に開発する、ということ。しかし、口で言うほど簡単に実行できるものではない。必ずと言っていいほど制約が付きまとう。なかでも象徴的な制約は数値目標だ。

そのためコミーでは、年間売り上げのような数値目標はほとんど設定しないという。商品を販売し利益を得ることに無頓着だというわけではないが、そのことを企業としての最終目的にはしていないのである。

では、コミーという企業は何を最終目的にしているのか? 小宮山氏は「出会いの喜び、創る喜び、信頼の喜びを共に味わうこと」と明言する。これら3つの喜びを満足させれば、結果的には面白く生きていけるというのだ。

エンドユーザーの声を積極的に集める

コミーでは、商品開発を流れで捉えている。この場合の流れとは、協力会社（外注）→コミー→販売代理店・販売会社→導入会社→エンドユーザーというもの。このなかの1つでも協力してくれないと、モノや金がうまく流れていかない。モノの流れは外注から始まり、お金の流れは、導入会社から始まり、そして情報の流れはエンドユーザーに聞くことから始まる。

「これらがうまく流れる仕組みをつくるのが開発です」と小宮山氏は言う。コミーには開発担当の専任者はおらず、アイデアとそれを具現化したい意欲があれば、だれもが開発に携われることができるが、開発にはマーケティングや生産システムにも精通していることが必須となる。

ミラーに関する知識やマーケティング、生産システムのほかに、この流れをつくる大事な要素が、話を聞く姿勢である。とくに、エンドユーザーから直接話を聞くことに関しては、実際の商品開発に生かすためだけでなく、「コミーのミラーがあったお陰で助かった」などという有益性についての生の声を広く知らしめるために行われている。

集めたエンドユーザーの声は、自社のホームページや広告、事例集を使い積極的に紹介している。これが、間違った使い方をしているユーザーに対する正しい使い方の啓発や、ミラーの設置に理解が足りないところへの啓発に大いに役立つことになる。エンドユーザーの声がコミーにとっていかに大事なものかが理解できよう。

小宮山氏は「エンドユーザーの声を積極的に聞いて集めるのが私たちの仕事」と明言するほど。ミラーを利用するエンドユーザーの満足度、つまりユーザーズ・サティスファクション（US）を常に気にかけているのである。

箸はモノづくりの原点

小宮山氏はここ数年、本業以外に箸に関する研究に取り組んでいる。

箸の研究は、箸の評価基準づくりや食事以外に使う箸の開発などのほか、小学校での正しい箸使いの指導など多岐にわたる。費やす時間も「本業7割、箸3割」とかなりのもので、こうした活動を推進する国際箸学会という学会組織を2006年11月に設立、理事長に就任したほどだ。

箸の開発では、例えば車いすを利用する障害者が下に落ちたものを拾うときに使えるようなモノなどが考えられている。すでに数点のアイデアを特許出願しているが、そのなかでも箸を収納する目的の箸アルバム「箸帖」については販売の方向で動いている。

小宮山氏が箸に関心を寄せているのは、「日本のモノづくりの基本は箸使いにある」と考え、箸にモノづくりの原点を見出したためである。箸を使うことで養われる手先の器用さは、繊細さが要求されることもあるモノづくりでは大きな利点となる。つくる際にデリケートさが要求されるＦＦミラーも「日本人だからできた」と言う。

小宮山氏は国際箸学会を「社会価値を創造する組織」、現在のコミーを「社会問題を解決する組織」だと考えている。そして、「これからは、社会価値を創造する組織と社会問題を解決する組織が出会いの喜び、創る喜び、信頼の喜びが味わえる」と言う。学会の活動も結局は、コミーが最終目的にしている３つの喜びを満たすことに通じている。

また、コミーでは今後、技術、マーケティング、生産、人材のレベルアップを図っていきたいという。これについて小宮山氏は「学会を通じて多くの優秀な方に出会え、その人たちから知恵を借りることができるので、いつかは会社のなかにも相乗効果が出てくる」と、学会の存在が本業に及ぼす影響を期待する。どのような相乗効果が現れるかは未知数だが、従来の発想では考えられない斬新なミラーが出ることを期待したい。

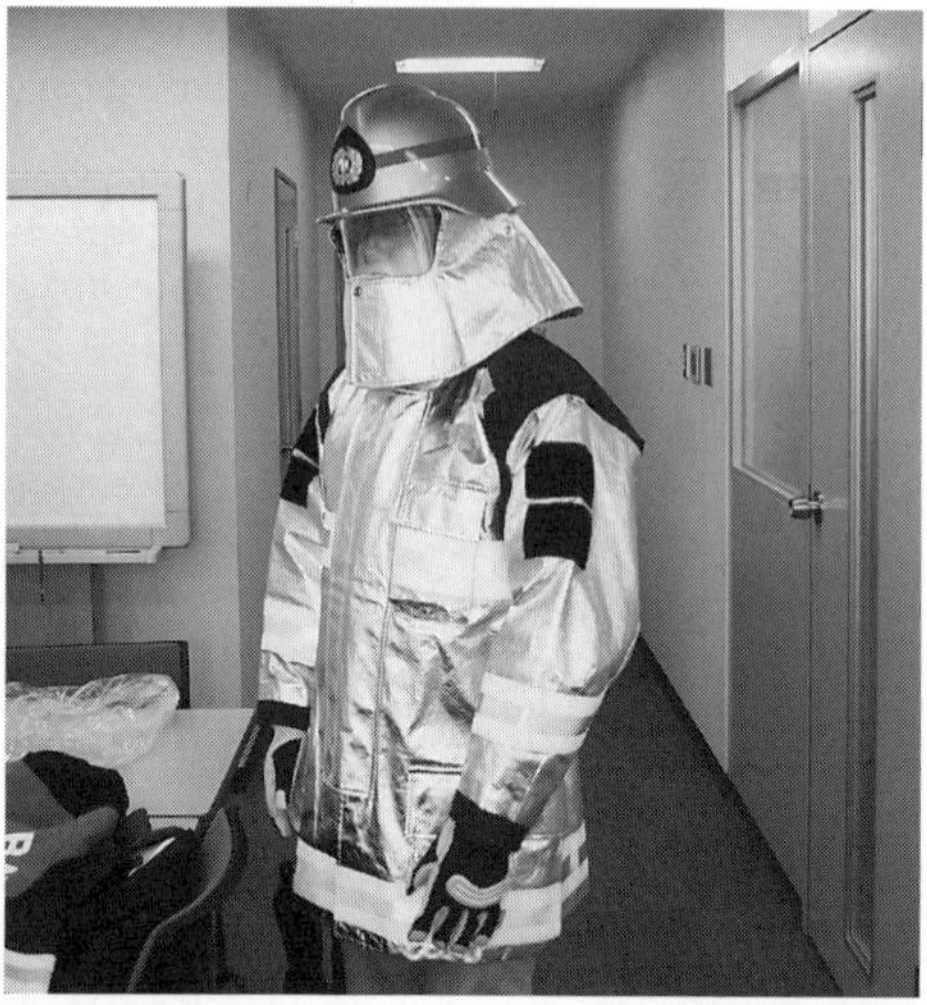

江戸時代から防火服を製造

小林防火服株式会社

江戸末期の1867（慶応3）年に小林刺子店として江戸下渋谷村（現在の東京都渋谷区）に創業した小林防火服は、防火服一筋で歩んできたドクソー企業である。明治以降は消防刺子の開発・製造に取り組み、戦後は新素材の消防服の開発を推進してきた。1961（昭和36）年に株式会社に改組し、現在に至っている。

現社長の小林寿太郎氏は6代目で、2006年7月に就任。ISO11613規格の制定にあたっては、日本を代表してワーキンググループに参加した経験を持つ。

消防士の安全を守るために、つねに業界をリードしてきた小林防火服の歴史は、日本の防火服の歴史そのもの。防火服という言葉も、小林社長の祖父で4代目社長の小林喜代治氏がつくった造語だ。

日本で唯一の防火服専門メーカー

命の危険を顧みず、火災現場で消火活動にあたる消防士。そんな彼らの安全を守るものが防火服である。

衣料品店で簡単に購入できない防火服は、一般の人がほとんど着ることがない極めて特殊な衣服の一つ。この防火服を独自に開発し、全国各地の消防士に提供しているのが日本で唯一の防火服専門メーカー、小林防火服である。

小林防火服の創業は江戸時代末期の1867（慶応3）年。町火消したちが着る刺子半纏《さしこばんてん》をつくることからスタートした。やがて1886（明治19）年に、警視庁消防部（現在の東京消防庁）から消防刺子の受注を受け、以後、燃えない消防刺子の開発・製造に取り組んできた。

戦後、小林防火服では消防刺子に代わる新素材の防火服の開発にいち早く着手した。綿生地の裏にゴム引きし断熱層を部分接着したものや難燃性のアラミド繊維を用いたもののほか、2000（平成12）年には現在ある繊維のなかで最も燃えにくい「ザイロン」を使用した防火服を開発、常に業界をリードしてきた。

現在、小林防火服の防火服は東京消防庁のほか横浜市や川崎市、札幌市など全国8つの政令指定都市や各市町村、防衛省装備施設本部、皇宮警察本部、海上保安庁で採用されている。

ISOが変えた防火服づくりの視点

代表取締役の小林寿太郎氏によれば、四代目の喜代治氏が「燃えない・濡れない・軽くて丈夫」という近代防火服のスローガンを掲げたという。かつての刺子半纏は水で濡らして燃えにくくしていたのに対し、近代防火服は燃えないための加工を布地に施し、濡らさずに使用することが前提になっている。

日本の防火服は、1970年代後半にアラミド繊維という燃えない繊維が登場したことと、ISO（国際標準化機構）が防火服の国際規格を制定したことで大きく変わったという。とくに1999年に発効されたISO11613は、爆発を起こしたように一気に燃え上がる現象（フラッシュオーバー）を念頭に置いて考えられたもので、防火服の開発の視点を大きく変えた。

ISO11613では、大きな熱量を瞬間的に浴びても火傷しないことを防火服に求めた。具体的には、80kW/cm^{2}の火災で第二度熱傷まで13秒以上かかること（ヨーロッパ規格）だという。80kW/cm^{2}は温度に換算すると800～1000℃に相当する。万が一全身が炎に包まれても、逃げる数秒間の間は火傷しないことを求めたのである。

また、ISO11613で新たな規格が設けられたことにより、防火服のデザインも一変することになる。それまでの防火服は一重もしくは二重の軽いコートが基本だったが、これでは規格に対応できないため、現在のような上下セパレートタイプの防火服が誕生することになったのである。

ＩＳＯ１１６１３の規格を満たした新デザインの防火服は１９９６年にはじめて誕生した。この防火服はアラミド繊維の表生地、透湿防水生地の中間層、アラミド繊維でできたキルティングの綿を何層も重ね合わせたインナーの３層構造となっていた。

ところが、「この防火服がえらい問題になった」と小林氏は述懐する。理由は日本の夏だった。新型の防火服は言ってみれば、アラミド繊維でつくった綿入れのようなもの。湿度の高い日本の夏にこれを着ると、消火活動の前に体がまいってしまい、熱中症の一歩手前までいってしまったという。

地域特性に合わせた最適な防火服を提案

このような問題点を解決するため、小林防火服ではＩＳＯ１１６１３の基準を満たしつつインナーを薄くする改良に着手し、２０００年に「ファイアーファイターシリーズ（以下、ＦＦシリーズ）」として販売を開始した。

ＦＦシリーズは現在の小林防火服の主力商品。表面にアルミを蒸着し透明なフッ素フィルム

小林寿太郎氏

をラミネートした「メタリック」と、撥水・撥油・防汚加工を施した「生地表」の2タイプがある。発売から8年経つが、部材の見直しなどで毎年、マイナーチェンジを繰り返している。

メタリックの特徴は輻射熱に強いこと、フッ素フィルムのラミネートによって撥水効果が半永久的に持続すること、実在する薬品の98％をバリアする高い耐薬品性、煤や油も簡単に落とせる、という点にある。前述のザイロンを使用しているのは、このメタリックである。

これに対して生地表は、メタリックに比べて柔らかく動きやすいのが特徴。ただし、撥水効果はメタリックより弱く、2～3年使用すると効果が落ちてくる。

2つのタイプに共通する特徴が、「Yライン」の採用である。

Yラインとは火災現場での作業性を考慮して動きやすくした超立体デザインのこと。実際に上衣を試着させてもらったが、重そうな見た目に反し軽く動きやすい。そのうえ、腕を上げても裾がずり上がったり、手首がまくれ上がることがなかった。これにより、火が入って火傷することがないという。

特徴が異なるメタリックと生地表だが、化学工場や石油コンビナート、飛行場などがあり大規模火災の発生が考えられる地域はメタリック、民家などが中心で大規模火災の発生が想定しにくい地域は生地表、というように、使用される地域も異なる。小林防火服で消防署のある地域特性を踏まえて最適な防火服を提案するほか、消防士が直接、どちらかを指名することもある。

ちなみに、防火服は消防署によって背文字の入れ方やポケットの構造などが異なるため、見かけは同じでも消防署によって仕様がすべて異なる。ユーザーの数だけ仕様がある状態で、工場では細かい仕様の対応に追われることもたびたびある。

徹底した現場主義を貫く

しかし、防火服は火や熱、薬品に対する防護性が高ければ安全だとは限らない。それは、防護性が高いと消防士が熱さや痛みを感じず、危険に気づかなくなる可能性が高くなるためだ。防護性が高いことに安心して無茶をした結果、消火活動を終えたときに防火服の反射テープや防火帽内の発泡スチロールが溶けていることに気がつくケースもあるという。

表面にアルミを蒸着し透明なフッ素フィルムをラミネートしたメタリック(左）と、撥水・撥油・防汚加工を施した生地表(右)

したがって、防火服にはリスクを感知するセンサの機能も持たせなければならない。そのため小林防火服では、命に別状のない下半身にわざと薄い部分を設け、熱さを感じさせるようにしている。

「無茶は絶対にしてほしくないんです。われわれは、いざというときの守りは紙一重まで突き詰めますが、熱さを感じたら無茶をせず、ぶっ倒れるまで消火活動しないように周知していかなければいけないと思っています」と語る小林氏。間違った使い方をしないよう訴えるため、また地域の消防戦略に合わせた防火服を開発するために、小林防火服では徹底した現場主義を貫くという。全国各地の消防署に出向いては地域の特性や困っていることなどを聞き出し、現場にマッチした防火服をつくり提供する。

火災現場での作業性を考慮して動きやすくしたYライン。重そうな見た目に反して、軽く動きやすい。

現場主義を標榜するだけあり、小林氏は「発明の種は現場にあり」と明言する。開発のヒントは現場で起こっていることから得るという。

開発は自社だけでなく、他社と連携して進める場合も多々ある。これまで他社とは防火服用の生地で共同開発したほか、防火帽でヘルメットの大手、アライヘルメットと共同で「ＫＢ‐Ⅱ型」を開発した実績などがある。

５年かけて開発したＫＢ‐Ⅱ型は、Ｆ１レースで使用するヘルメットに使う特殊なＦＲＰ（繊維強化プラスチック）を使用しており、屋根から瓦が落ちてきても頭部が保護される。側面のつばのデザインを従来のものから変更したことで頭部と頸部の保護範囲を拡大したほか、上を向いても空気ボンベに当たらないよう後部のつばを工夫して上方の視界を拡大した。内部には円弧形のフェイスシールドを収納し、引き出したときに確実にロックされるようになっている。

入札条件に特許項目を入れ技術開発を促すべき

防火服は基本的に、自治体が入札によって採用の可否を判断する。その入札制度に対し小林氏は「コストは大事ですが、それなりに特化したものを提供するので、発明を尊重する必要があるのではないでしょうか。特異性のあるものに関しては評価する入札制度があってもいいと思います」と主張する。

この主張の背景には、公平性が求められる入札制度では独占・排他権のある特許はなじまないために、入札条件に特許項目を盛り込まないという最近の風潮に対する不満がある。フランスやイギリス、ドイツの入札制度は価格と性能の両面から判断して採用の可否を決定することもあるが、日本は原則的に価格だけで決めることが多い。コストでしか判断されない以上、発明や開発の意欲が失われ、挙句の果てには似たようなものしか出てこなくなる。

「特許に見合った対価を正当に評価していただければ、適正価格かどうかがわかるはずです。特許を取得する風土をつくり技術開発を促さないと、日本の技術力は絶対衰退します」

このような警鐘を鳴らす小林氏の危機感は相当なものだ。業界内で一番多く特許を保有しているというだけあり、発明がきちんと評価される総合評価落札方式の普及、浸透が望まれる。

アパレルとのコラボレーション

特許の活用では歯がゆい思いをする小林防火服だが、商標については社名の使用を外部に許可し積極的に活用している。世界の消防、レスキューをテーマにした商品を販売するアパレルショップ「ＲＥＳＣＵＥ　ＳＱＵＡＤ（レスキュースクワッド）」とコラボレーションし、小林防火服の社名が入ったＴシャツやキャップなどをＲＥＳＣＵＥ　ＳＱＵＡＤで販売しているのである。

ＲＥＳＣＵＥ　ＳＱＵＡＤとのコラボレーションは１９９３年に始まった。

「火と戦って人の命を守る消防士はかっこよく、地元のヒーローです。彼らの汗は高貴できれいなんです。消防士はかっこいいんだ！　皆を守るヒーローなんだ！　という認識が日本でも高まってほしいという思いから、うちの社名を使っていただいています」

こう熱く語る小林氏にとって、消防士は間違いなくヒーローなのだ。

RESCUE SQUADで販売している小林防火服の社名入りTシャツ

RESCUE　SQUADで販売されている小林防火服の社名入り商品は基本的に、ネイビー（濃紺）を基調としており、シンプルかつクールにまとまっている。本社1階にあるショーケースで現物を見たが、性別、年齢、国籍を問わず受け入れられる普遍的なかっこよさを持っている。

消防士はヒーロー

「究極の一着は、いつまで経っても答えが出ないと思うんですよ。でも、それでいいと思っています」と語る小林氏。今後も専門メーカーとして防火服づくりに専念したいという。

そんな小林氏も大学卒業後、帝人に勤務した後、小林防火服に入社した当初は、防火服の枠にとどまらず、いろんなことをやっていきたいと志向した時期があった。しかし、究極の一着に関する答えが出ない以上、防火服の道を究めたいと考え直したのだという。

また、小林氏個人は、防火服づくりも含めて消防で国際貢献できればという思いが強いという。災害が起きた地域で日本の消防士が救援活動を行えば、現地では喜ばれ、国際社会でも日本の地位は向上するはず。だが、こうした国際貢献ができるようになるためには、まず消防士が真の「ヒーロー」として認知される必要がある。

消防士に対するイメージは国によって異なる。

例えば、米国では小学生に「将来何になりたいか?」と尋ねると、5人に1人は消防士と答えるという。消防士が身近なヒーローとして位置づけられていることの結果である。

これに対し日本では、小学生に同じ質問をしても、消防士という答えは少数しか返ってこないという。消防士のイメージは「危険」などといったもので、ヒーローとはほど遠い。RESCUE SQUADとのコラボレーションも、消防士のこうしたイメージを払拭し、ヒーローとしての地位を確立するための一環でもある。

取材中、小林氏は何度も、消防士をヒーローと表現した。これは、消防士は憧れの存在であり、尊敬されるべき対象だということの表れ。江戸の街を火災から守るために決死の覚悟で炎に立ち向かった町火消しに対して、江戸っ子たちが抱いた憧れや尊敬の念を現在に受け継いでいるのである。

老舗企業の取材を通して、江戸の町人文化、江戸っ子の心意気に少し触れることができたような気がする。

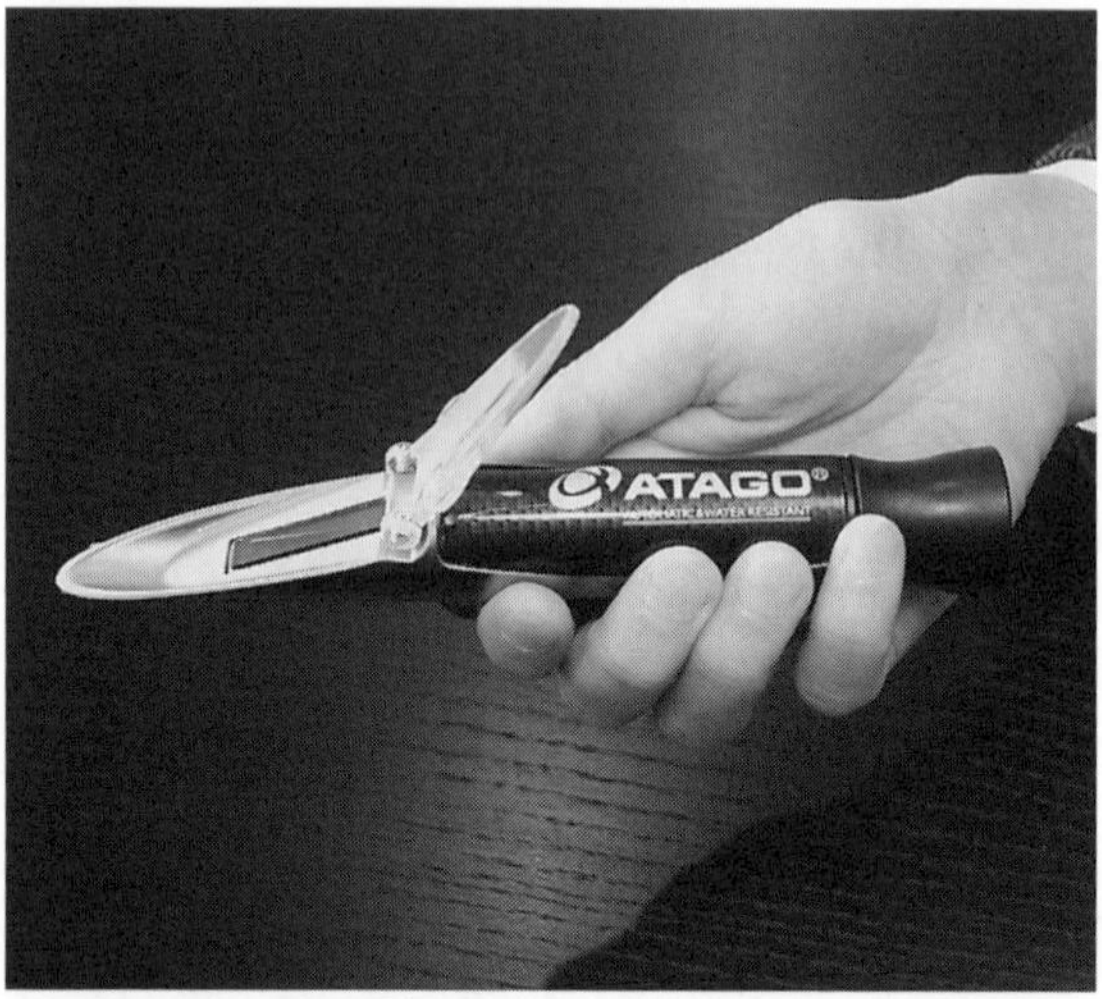

屈折計のトップメーカー

株式会社アタゴ

普段の生活ではなかなか見ることのない屈折計。しかし、この屈折計にいち早く着目し、日本でドクソー態勢を築いたのが、日本で唯一の屈折計専門メーカー、アタゴである。エポックメーキングとなった手持屈折計の開発など、世界屈指の技術力を持つ。

アタゴは1940（昭和15）年に東京・池袋に「雨宮精器製作所」として創業。1956年に埼玉県寄居町に唯一の生産拠点である寄居工場を建設し、株式会社組織として社名を「アタゴ光学器械製作所」に変更、1975年に現社名となった。2005年に東京商工会議所から「勇気ある経営大賞」優秀賞、2007年に日本発明振興協会から「発明大賞」本賞を受賞したほか、経済産業省から2007年に「元気なもの作り中小企業300社」に選定されるなど、国内各方面で高い評価を受けている。

コンパクトかつ手軽に使える屈折計の開発

水などの液体のなかにストローや箸を入れると、その先端は曲がって見える。この現象を光の屈折現象といい、これを利用して液体に含まれているさまざまな成分の濃度を測定する測定器を屈折計という。

屈折計において日本国内で80％以上、世界でも大きなシェアを持つのがアタゴである。

アタゴは１９４０（昭和15）年に雨宮喜平治氏が創業者となり興した屈折計専業メーカー。１９３０年代後半、光学製品をつくる工場に勤務していた創業者が、取り扱っていた数ある光学機器のなかから応用範囲が広く、将来性の高い屈折計に着目したのが、会社を興すきっかけになった。会社設立後はドイツの科学者、エルンスト・アッベが開発したアッベ屈折計を輸入し、これを元に独自に仕立てあげたアッベ屈折計の製造・販売を行った。

アッベ屈折計は姿・形・サイズが顕微鏡に似ている。しかし、当時のアッベ屈折計は構造が複雑で、計測に手間がかかった。そのうえ高価だったため、研究用途にしか普及しなかった。

現場で手軽に使用できるような、コンパクトな屈折計ができないだろうか——。このような想いから開発されたのが、１９５３年に発売された世界初の手持屈折計である。代表取締役社長の雨宮秀行氏（取材時は専務取締役）は「当時、手持屈折計は相当インパクトがあったようで、食品や飲料メーカーで濃度を測定する需要に結び付いたようです」と説明する。

手持屈折計は望遠鏡のような小型の筒に組み込まれたプリズムに液体などのサンプルを載せ、プリズムに光を当てて使用する。プリズムを通った光は屈折し、対物レンズを通して中の目盛板に結像する仕組みだ。筒に直結した接眼鏡から内部を覗くと、液体に含まれている成分の濃度がわかるようになっている。

手持屈折計は1954年に、JAS（日本農林規格）の果汁糖度測定器として採用された。そしてJASのお墨付きを得た結果、果物の生産農家などにも急速に普及することになった。目立たない商品の屈折計だが、食品や飲料の品質管理、果物の適切な収穫時期を見極めるのに欠かせない、縁の下の力持ちのような存在なのである。

光で成分濃度が測定できる理由

では、なぜ光の屈折現象で液体に含まれている成分の濃度が測定できるのだろうか？　それは、測定するサンプルの屈折率とプリズムの屈折率の差を利用しているためである。

屈折計に使用しているプリズムは、いかなる液体よりも屈折率（屈折の大きさ）が大きいため、プリズムに液体を載せてプリズムとの界面で屈折を起こせば差を算出することができる。液体に溶け込んでいる物質の密度が高いほど屈折率は大きくなるため、プリズムとの屈折率の差が

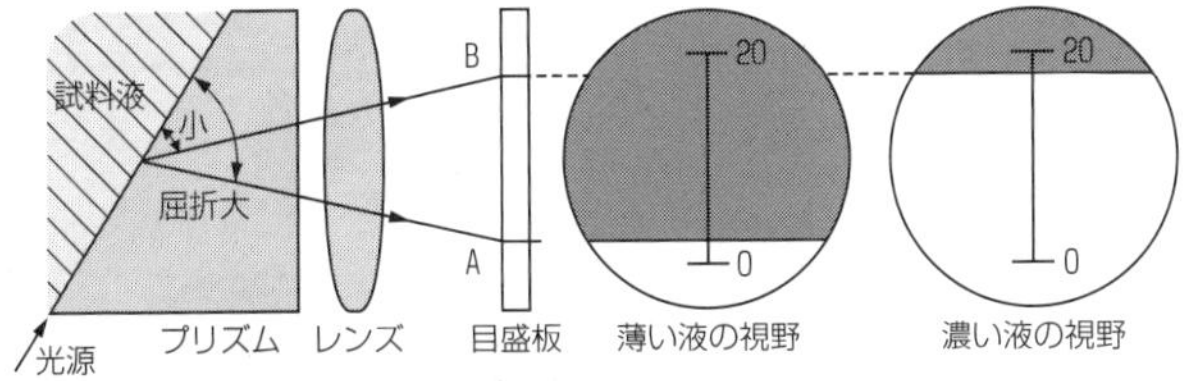

1.プリズムは試料液よりもはるかに大きな屈折率を持っており、このプリズムと試料液との界面で起きる屈折現象を利用して測定が行われる。
2.薄い試料液のときは、プリズムとの屈折率差が大きいので、大きく屈折する。→A
3.濃い試料液のときは、プリズムとの間の屈折率差が小さくなり、屈折は小さくなる。→B

屈折計の原理

大きければ薄い液体、小さければ濃い液体となる。測定値は基本的に、食品に含まれる糖度などを示すＢｒｉｘ（ブリックス）という国際標準規格の単位に変換され、パーセント表示される。

また、プリズムに液体を載せるだけで簡単かつ正確に濃度を測定することができるのは、プリズムに角度が付けられているためである。

プリズムに角度が付けられているのは、臨界角を形成するためである。臨界角は、プリズムに液体を載せて光を当てたとき、光の反射によってプリズム内で明るくなるところと暗くなるところをはっきり分ける境界線をつくるために設けられる。

しかもアタゴの手持屈折計は、プリズムの底面が青く着色されているため、臨界角が確実に形成されると接眼鏡で覗いたときに目盛が正確に認識できるようになっている。接眼鏡から見える像は明るい部分が多いと白が大きく、暗い部分が多いと青が大きく見える。白が大きければ濃い液体、青が大きければ薄い液体となる。

用途開発で裾野を拡大

現在のアタゴがあるのは、絶えず屈折計の機能向上を図ってきたこと、精力的なPR活動、早い段階で食品や飲料業界に特化した経営判断、などさまざまな要素が重なったからこそ。数ある要素のなかでも最大の要因は、屈折計の用途を拡大し、裾野を広げたことであろう。積極的な新商品開発と用途開発がアタゴの躍進を支えたのである。

雨宮秀行氏

アタゴの商品のユーザーは主に食品や飲料業界だが、現在ではそれら以外の工業用途での開発がかなり進んでいる。例えば、手持屈折計や世界最小の携帯型デジタル屈折計のポケット糖度・濃度計では、金属加工で使用する切削油や自動車の不凍液（クーラント）、雪を融かす融雪剤などの濃度を測定する専用モデルを用意。また、食品分野でも蜂蜜の水分や豆乳、うどん・そばのつゆ、ラーメンのスープの濃度など特定の用途に特化した専用モデルが用意されている。

変わったところでは、アテネオリンピックでのドーピング検査の前段階で屈折計が使用された。屈折計での測定結果が疑わしかったアスリートがドーピング検査をすることになったという。

現在の製品ラインナップは、ポケット糖度・濃度計だけで１００種類、手持屈折計も50～60種類に及ぶ。これだけのラインナップを擁するだけに、雨宮氏は「屈折計を使えば、どんな液体の濃度管理もできます」と語る。

商品開発はアタゴ自身が新たな用途を考えて開発するほか、最近では「こんなことはできないか？」という依頼を受けて開発するケースが多く、その比率は高まる一方だという。開発するか否かは、毎月各部のトップが参加して開かれる情報活用会議の場で示されるマーケティング結果から判断する。

切削油の濃度など、それまで考えられなかったサンプルを測定する屈折計を開発するには、目盛づくりのためのデータ取りに一番手間がかかるという。

目盛の作製に当たっては、測定するサンプルを製造するメーカーからデータの提供があるわけではない。アタゴ自らが測定するサンプルを調べてデータを集め、そのデータを基に目盛を作製する。ユーザーからＯＫをもらうまで繰り返しつくるという気の遠くなるような作業を経て、目盛は完成する。

だが、こうした地道な努力がユーザーの期待に応える結果につながっているのである。

また雨宮氏は、「食品と飲料業界に特化するという経営判断も大きなターニングポイントとなりました」と言う。

アタゴでは当初、デンシトメータ（反射濃度計）など臨床分野の製品も広く手がけていた。しかし１９７０年代に、臨床分野か食品・飲料分野かの選択を迫られたことがあったという。そのとき、薬事法に代表されるように規制や条件が厳しい臨床分野は深入りせず、食品と飲料への特化を決断した。雨宮氏も「もし、逆の経営判断をしていたら厳しかったと思います」と分析する。

食品と飲料業界に特化することを決めて以来、アタゴでは臨床機器の開発をやめた。現在、臨床に関するものは臨床用屈折計しか手がけていない。

日本のお家芸を守るため、日本での生産にこだわる

手持屈折計と並ぶアタゴの看板商品であるポケット糖度・濃度計。２００３年に発売されて以来、機能やデザイン、サイズが評価され、計画以上の売り上げを記録しているという。開発

では携帯電話を折りたたんだときのサイズにすることを目指しプロジェクトチームを結成、7カ月ほどで完成させた。

「コンパクトなモノづくりは日本のお家芸。イギリスやドイツ、アメリカのライバルメーカーではつくれません」と雨宮氏は胸を張って言う。

驚くべきは、機能やデザイン、サイズだけではない。ビスをたった6本しか使っておらず、組立のほとんどが〝パチン〟とはめるだけと簡単なのだ。

機能やデザイン性の高さだけでなく、組立やすさも追求した理由は何か？　雨宮氏は「日本でモノづくりを続けるため」と言う。アタゴの商品は埼玉県寄居町の工場ですべて生産されているが、お家芸を守るために「中国など海外に工場を移す考えはない」とも言い切る。

低コストを武器に中国経済が発展し、日本でも中国製品があふれるようになった昨今、コストで中国に負けないモノづくりをするには、生産にかかる工数を徹底的に削減しなければならない。そのためには設計段階から工数削減を意識する必要があるが、工数削減の秘策として考えられたのが、ただはめるだけの組立だったのである。ビスの本数も当初は4本で検討したほどだった。

ポケット糖度・濃度計の開発は、日本でモノづくりを続けていくためにアタゴが出した答えでもあったのだ。

ノウハウも特許で権利化

アタゴでは、生産される商品の60〜70％が輸出にあてられている。最近ではロシアやＣＩＳ（独立国家共同体）、アフリカといった地域からの受注が増える傾向にあり、その結果、現在、世界１５４カ国で利用されるまでになった。「最近はインターネットが普及したこともあって、知らない国からの引き合いが増えてきています」と雨宮氏は語る。

輸出はアタゴの経営にとって生命線といえるもの。英語をはじめスペイン語、フランス語、中国語、アラビア語など計９カ国語のホームページを開設しているほか、海外で開催される見本市にも年間20本ほど出展しており、広報・宣伝活動には積極的だ。また、２００２年に米国支社〝ATAGO U.S.A INC.〟、２００５年にインド支社〝ATAGO INDIA Instrument Pvt.LTD〟を設立し、海外市場でのマーケティング、販売体制を整備した。将来的には中国と一度失敗したＥＵ圏にも拠点を設けたい考えだ。

しかし、輸出の比率が高いために、最近では海外での模倣品に悩まされることもしばしば。とくに中国では、デッドコピーに近い模倣品が出回り、ひどい場合にはロゴまでコピーされるほどだという。

「真似されるのは気分が悪いですよ。デザイン１つ決めるのにもすごく悩んでいるのに」と、

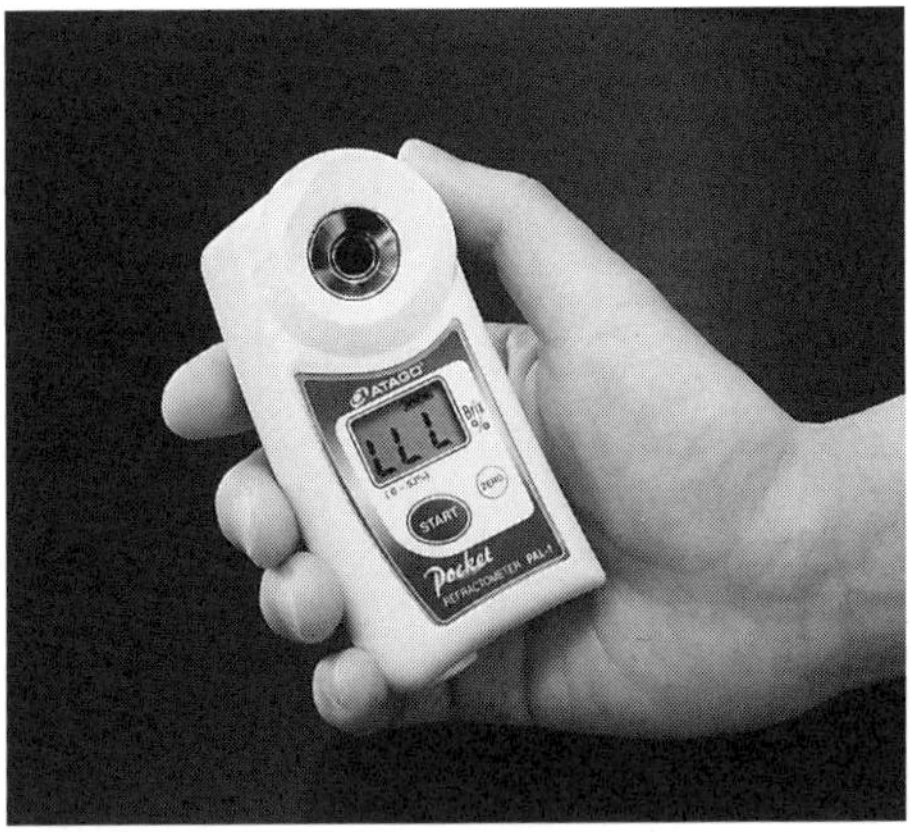

ポケット糖度・濃度計　PAL-1

雨宮氏は不快感を表す。模倣を防ぐため、製品が分解されたら壊れるような構造にしたり、まったく関係ないダミー部品を入れたりしたこともあったが、効果はなかった。

この状況を見過ごすわけにはいかなかったアタゴでは、知財問題に対応する法務部を立ち上げ顧問弁理士と契約。中国でも特許を取得するなど、知的財産権の保護のためにできることはすべて実行しているという。

アタゴではこの数年、知的財産権の保護に力を入れ、特許の取得を活発に行っている。しかし、1953年にはじめて手持屈折計を開発したときは、特許を取得しなかったそうだ。「きっと特許のことは考えていなかったんでしょうね。中小企業では特許を取得することなど考えもつかなかった時代だったと思います。このとき特許を取得していれば、状況は違っていたかもしれません」と雨宮氏は言う。

特許を出願する際、アタゴではノウハウにかかわる部分もあえて出願範囲とし、権利化する方針だ。それは、ノウハウとは関係ない一般的な部分のみを特許で守ろうとしても回避される可能性が高いからである。米国や中国など国際出願でも必ず、ノウハウも含めすべてを権利化するという。

3年以内に屈折計に次ぐ柱を開発

屈折計では日本トップ、世界でも確固たる地位を築いたアタゴ。しかし独走をさらに加速するため、光を利用した画期的な商品の開発に着手した。

新商品はまだ企業秘密のため、詳細が明かされることはなかったが、屈折計ではないという。「新商品が実現すれば、競合他社も追いつくことができないと思います」と雨宮氏は自信をのぞかせる。

アタゴとしては、この新商品の開発を今後3年以内に終え、発売したい考え。開発には、取扱説明書が不要なほど操作が簡単なもの、という条件を課しているという。「屈折計を開発・製造するメーカーは世界に10社ほどあり、もはやニッチな商品ではありません。新商品は屈折計に次ぐ経営の柱として位置づけられるもので、中国で真似され奪われた市場を取り返します」

と雨宮氏は語る。

アタゴは2008年に創業68年を迎える。雨宮氏にとって創業者は祖父、前社長は父にあたり、「祖父、父がつくってきた会社を守っていきたい」と今後に向けた決意を示す。

ニッチな商品ではなくなった屈折計が今後も、アタゴの事業の柱であることに疑いの余地はない。しかし、開発が始まった新商品が市場に出たとき、きっと大きなターニングポイントを迎えるはずである。

企業データ

・**三鷹光器株式会社**

資本金　1000万円
所在地　東京都三鷹市野崎1-18-8
従業員　50人
URL　http://www.mitakakohki.co.jp

・**株式会社オーエックスエンジニアリング**

資本金　1億5000万円
所在地　千葉市若葉区中田町2186-1
従業員　38人
URL　http://www.oxgroup.co.jp/

・**細渕電球株式会社**

資本金　1000万円
所在地　東京都荒川区西日暮里1-27-12
従業員　35人
URL　http://www.hosobuchi-lamp.co.jp

・**コミー株式会社**

資本金　2000万円
所在地　埼玉県川口市並木1-5-13
従業員　30人
URL　http://www.komy.co.jp

・**小林防火服株式会社**

資本金　1000万円
所在地　東京都渋谷区恵比寿南1-2-9
従業員　18人
URL　http://www.jade.dti.ne.jp/~kb-pro/

・**株式会社アタゴ**

資本金　9600万円
所在地　東京都板橋区本町32-10
従業員　104人
URL　http://www.atago.net/

第2章　オンリーワンをひた走るドクソー企業

株式会社エルプ

世界で唯一のレーザー・ターンテーブルを開発

レコードは音の記録にはじめて成功したメディアであり、全世界に300億枚以上あるといわれている。音楽のほか歴史的に貴重なスピーチなども収録されており、人類にとっての文化的遺産だ。しかし、CDとCDプレーヤーの普及により、レコード文化、レコードビジネスは衰退。レコードは静かに歴史の表舞台から消えようとしていた。

しかしエルプというドクソー企業は、失われようとしていたレコード文化をレーザー・ターンテーブル（LT）で蘇生させようとチャレンジした。エルプは世界で唯一、レーザー光でレコードを再生するLTを開発・製造・販売する企業で、1989年に設立された。LTの開発は技術的に不可能とされていたが、問題を一つひとつクリアしたことで完成。この努力が実り、いまレコードが蘇生されつつある。

レーザー光でレコードを再生

デジタル技術が格段に進歩したことにより、音楽はCDで聴く、もしくはハードディスクやメモリーを搭載した携帯音楽プレーヤーに曲を記憶させて聴くのが一般的になった。しかし、その一方で、音楽はレコードで聴くというレコード愛好家も確実に存在する。

だが、現実は厳しい。CDの普及を境にして、レコードやレコードプレーヤー、レコード針は衰退し、昔ほど入手や修理が容易ではなくなった。レコード愛好家にとっては受難の時代であり、残されたレコードも静かにその役目を終えようとしていた。

そんななか、この状況を打開するために立ち上がった企業がある。それは、世界で唯一の完全非接触式レコードプレーヤー、「レーザー・ターンテーブル（以下、LT）」を開発したエルプである。

エルプが開発したLTは、5本の半導体レーザーを使ってレコードを再生する。このうち音情報を拾うレーザー光は2本。直径2㎛のレーザー光を音溝に照射し、レーザー光の反射角度を音信号に変えて再生する仕組みになっている。残り3本のレーザー光は2本が音溝の肩部分のトラッキング、1本がレコード盤とレーザーヘッドの間隔を0・2㎜に保つために使用される。針と違い完全非接触式のため、レコード盤は磨耗しない。

ＬＴで再生できるレコードは黒いＬＰ盤、ＥＰ盤はもちろん、ＳＰ盤も再生することができる。反ったレコードや、傷、割れ、ひびのあるレコードも再生可能だ。機能はＣＤプレーヤーと同じで、曲の頭出しやランダム選曲なども自由にできる。

しかも、レーザー光で拾われた音情報は、アナログのまま再生され、そのうえレコード針では難しかった低音〜高音域の全音域を忠実に再生する。古いビートルズのレコードを使い試聴させてもらったが、まさしくアナログ音ながら針のレコードプレーヤーで聴くのとは印象が少々異なった。この違いについて代表取締役社長の千葉三樹氏に聞いてみたところ、「全音域を忠実に再生し、マスター（原音）にきわめて近い音を聴くことができるため」という答えが返ってきた。

全責任を負う覚悟で開発を決意

エルプは１９８９（平成元）年、ＬＴの開発、製造を目的に千葉氏によって設立された。千葉氏はゼネラル・エレクトリック（ＧＥ）出身で、ＧＥ初の日本人経営幹部として副社長にまで昇りつめた人物である。音楽が好き、レコードが好き、と思われるかもしれないが、以外なことに音楽鑑賞の趣味はなく、レコードは一枚も持っていないという。

千葉氏がＬＴの開発、製造に取り組んだのは、ＬＴの理論を開発したアメリカ人技術者、ロ

音溝とレーザー光の位置、音溝とレコード針の接触

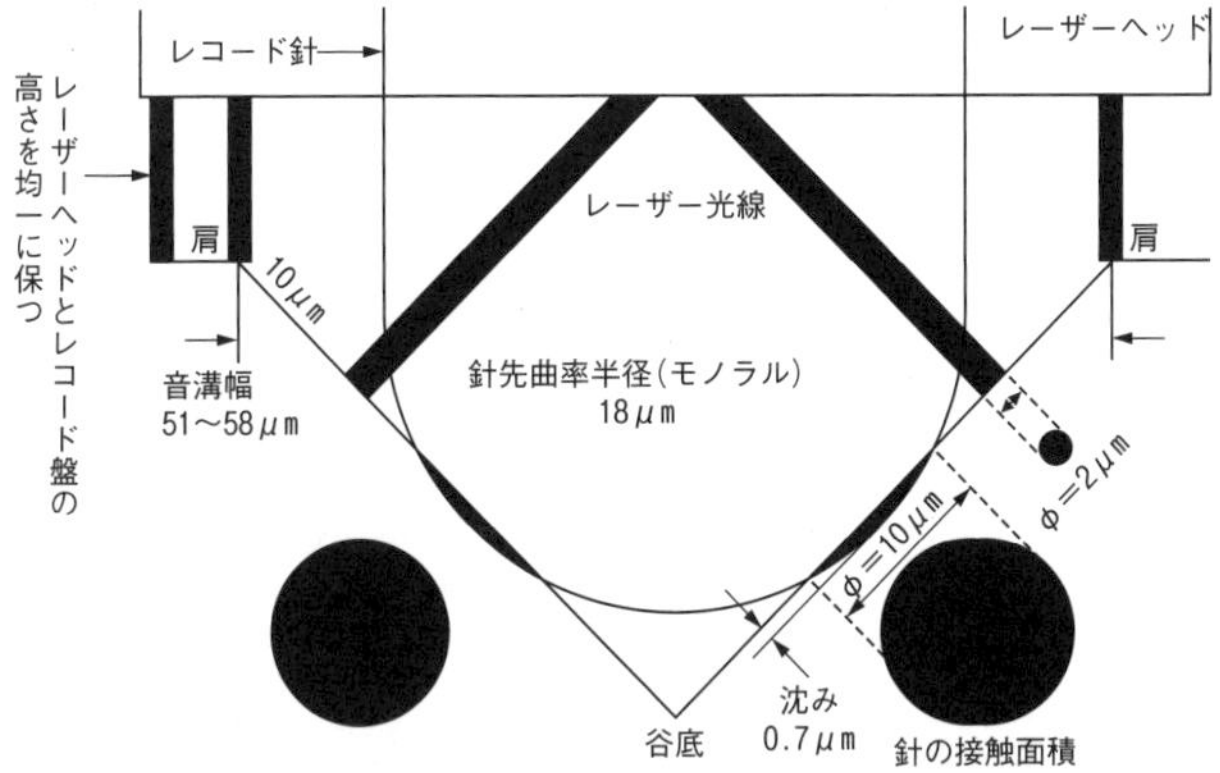

バート・ストッダード氏との出会いがきっかけになった。

ストッダード氏はスタンフォード大学大学院生のとき、ＬＴの理論を発表。１９８３（昭和58）年にＬＴの実用化を目指し米国にフィナール・テクノロジー社を設立し、投資家やベンチャーキャピタルから資金を集めた。当時の日本円で24億円に上る資金を調達しＬＴの開発を推進したが、６年で資金が底をつき開発が頓挫。開発パートナーを日本企業に求め、第三者を通じて日本企業にアプローチをした。

このとき、日本側の窓口となったのが千葉氏だった。当時の千葉氏はＧＥを退職し、米国の業務用オーディオメーカーＣＴＩ社の日本法人、ＣＴＩジャパンの社長という立場にあった。

千葉氏は早速、ＬＴの開発パートナーを募るべ

く、マスコミ各社にプレスリリースを送ったほか、日本の総合電機、重電、家電、オーディオメーカーをほぼ全部集めLTの発表会を実施した。発表会が盛況のうちに終了したこともあり、開発パートナーは比較的簡単に見つかると思われた。

だが、発表会に参加した日本企業はすべて、開発パートナーになることを断り、千葉氏やストッダード氏の期待を大きく裏切った。理由は次の2つに集約された。

1. レコード盤にビジネスチャンスはない

千葉三樹氏

2. 量産してもコストが下がらず量産メリットが出ない

その一方で、新聞などでLTのことを知ったレコード愛好家たちから連日のように、「ぜひ、商品化してほしい」というラブコールが届いた。

千葉氏は考え抜いた結果、LTの開発は自らに課せられた宿命と悟り、LTの開発を決意した。LTの開発・製造・販売に全責任を負う覚悟を決め、CTIジャパンの全株式を買い取ってエルプを誕生させたのである。

会社清算の危機も乗り越える

こうして誕生したエルプは、ストッダード氏ともう一人の技術者を迎え入れ、フィナール社からLTの特許権を買い取ってLTの開発をスタートさせた。知的財産も欠くべからざる資本であり、特許権を徹底的に活用することにした。

LTは基本技術が確立されていたとはいえ、実用化にはまだほど遠かった。エルプがLTの開発を始めた当時、LTのレコード再生率は10％強しかなく、実用化するには再生率を90％以上にする必要があったからだ。

そもそもレコードの音溝の幅は、音が大きければ広く、小さければ狭く刻まれている。したがって、音溝の刻まれ方は曲ごとに異なる。レコードプレーヤーはレコード針で音溝に触れることで再生したが、レーザー光を使い完全非接触で再生するLTはレコードの音溝の幅が均一ではないことから技術的に難易度が高く、ストッダード氏がLTの理論を発表した当時から不可能とさえ言われていたほどだった。

エルプでは試行錯誤しながら問題を1つずつ解決し、6年かけてLTの母体をつくり上げた。この間、経営は赤字の連続。夫婦で持っている資産を売却し、その都度乗り切っていった。

売却した資産は10億円近くに上った。

しかし、LTが完成しても販売が振るわなかった。情報発信が不十分で注文が入らなかったのである。そこでエルプは、簡単に全世界に情報が発信できるツールとしてインターネットに注目、日本語のほか英語、スペイン語のホームページをつくり、積極的に情報を発信していった。これにより、徐々に注文が入るようになっていった。

それでも、赤字体質の経営がすぐに改善されることはなく、一時は資金繰りに行き詰まって会社の清算も考えたほどだった。だが、ここで思いがけない転機が訪れる。

その転機とは、ある証券会社の創業者が偶然、LTの試聴に訪れたことだった。エルプの経営状況を聞いた証券会社の創業者は、資金調達のための提案をした。その提案は、それまでのエルプを社名変更して存続させたうえで、新会社としてエルプを設立し、投資家を募るというものであった。この提案を実行し投資家が集まったこと、個人ユーザーの拡大などにより、業績は好転することになる。

ユーザーの要望に応えファンクラブを結成

LTはこれまで、全世界に約1300台販売された。個人のほかレコード会社、放送局、図書館、大学、などにも売れている。個人ユーザーのなかには、スティービー・ワンダーやキース・ジャレットなど一流ミュージシャンもおり、音にこだわるプロからも支持されている。

ユーザーが拡大した結果、2006年に日本でエルプ公認の「エルプ・ファンクラブ」が発足した。会員は約120名で、これまでに会報を3回発行したほか、懇親会も2回実施。ファン同士の相互交流や意見交換の場として広く活用されている。

ファンクラブの設立は、LTユーザーからの要望によるものだった。以前からその要望があり、千葉氏が日本国内のLTユーザーに設立を問いかけたという。クラブの会長、副会長に立候補したユーザーがいたこともあり、話はとんとん拍子でまとまり、結成の運びとなった。見込み客を紹介してもらうなど、エルプの経営面にも少なからず効果があるという。

また、ユーザーを拡大するかもしれない1つの出来事が2008年2月に起きた。それはピアノの超一流ブランド〝STEINWAY&SONS（以下、スタインウェイ）〟が年2回、ヨーロッパ・アジア地域で発行するオーナーズ・マガジンに広告を掲載したことである。

きっかけは、イギリス人のスタインウェイオーナーでなおかつLTのユーザーがスタインウェイに対しLTを強力にプッシュし、スタインウェイがエルプに広告掲載の打診をしてきたことだった。当初は広告料があまりにも高く断ったが、ロンドンから送られてきた雑誌を見て考えが変わり、広告を掲載することにした。

「届いた雑誌を見たら、掲載されている広告がすべて、自動車や宝石などの国際的なトップブランドばかりでした。スタインウェイのグランドピアノは安くても1000万円はするので、オーナーは音楽好きな富裕層、レコードも持っているはずです。見込み客に対して火をつけるかもしれないと思い、広告を掲載することにしました」

7万5000部発行されるというオーナーズ・マガジンは、読者の86%が個人オーナー。今後音楽好きの富裕層に対し浸透する気配を見せている。

運、体力、気力で事業をやり遂げる

それにしても、LTの開発・製造・販売は波乱万丈のひと言に尽きる。おそらく、常人ではやり遂げることはできないだろう。では、なぜ千葉氏は宿命と受け止めやり遂げることができたのだろうか？　千葉氏は「そもそも利口だったら、最初からLTの開発には取り組みません。いい意味でケタ違いの馬鹿だったからやったようなものです」と笑いながら言うが、事業をやり遂げるポイントが必ずあるはず。それが何かを千葉氏に聞いてみた。

まず千葉氏は、「自分には星、運がありラッキーボーイ。普通の人より運がいい」と言う。会社の清算も考えたときに偶然、資金調達の新提案を受けて乗り切っているので、運がいいのは確かだろう。LTの開発・製造・販売を決意したときも、自分の運のよさを自覚し、必ず成功し国内外で喜ばれる結果を出せると信じていたという。

組立は手作業で行われる

また、難局を乗り切るだけの健康や体力についても不安はない。千葉氏は2008年で68歳を迎えるが、その歳だと大病を一回は患ったり、持病を抱えたりしているもの。ところが、千葉氏は大病を患った経験がなければ、持病も持っていない。

群馬県で育った千葉氏は幼少の頃、生活のために畑仕事をしたり、綿羊や山羊の世話をした経験を持つ。学校が終わると毎日、農作業や家畜の世話に追われ、仕事を通じて自然と体が鍛えられていった。このときの体験が現在まで健康な体をつくったのである。

これらに加え、気力も不可欠な要素だ。途中で何度も危機が訪れ、壁にぶつかっても、全世界のレコードを蘇生させるという気力が千葉氏を後押ししたのである。

オンリーワンであることの責任はわれわれの想像

以上に大きく、全世界に対し社会的責任を負ったなかで事業を成功に導くには大きな重圧がかかっていたはず。いつかは成功すると感じていたとはいえ、常人では考えもつかない重圧を、金で買えない運、体力、気力で乗り切っていったといえる。

夢に向かって生きる

千葉氏はGEの副社長時代、カラーテレビなどを扱う家庭電子製品事業本部を担当しており、事業部をリストラし、事業を活性化することを夢にしていた。しかし、当時のCEO（最高執行責任者）だったジャック・ウェルチ氏とリストラの方針で対立、ウェルチ氏に「バカヤロー」と怒鳴りGEを去った。夢半ばでGEを去らざるを得なくなり、何とも後味の悪い最後となった。

GE時代に限らず、千葉氏は「常に夢に向かって生きてきた」と言う。そんな千葉氏にとってエルプ設立後の夢は、レコードのように捨てられる運命にある古い技術を新技術で蘇生させることである。

エルプ設立当初に描いたこの夢は、少しずつだが実現に近づきつつある。そればかりか、時代もエルプに追いつきつつある。なぜなら、音楽業界では国内外問わず、新譜をCDのほかレコードでもリリースする傾向が目立つようになってきたからである。「レコードが脚光を浴びれば浴びるほど、ＬＴにも注目が集まります。これも非常に運がよかったですね」と千葉氏は自分の運のよさを強調する。

２００７年のＬＴの販売は月平均13台で、購入者の75％は40歳以上。音楽愛好家のなかでもレコードを多く保有する年齢層での購入が主流だが、最近は徐々にＣＤで育った20代、30代の購入者も増えてきている。全世界に３００億枚以上はあり文化的遺産といわれているレコードの蘇生は着々と進みつつある。

独自のオビツボディを開発

株式会社オビツ製作所

玩具業界でも中国生産が進展し、国内の中小零細企業は転廃業を強いられている。このような玩具業界にあって、独自のオビツボディによってフィギュアマニアの支持を得たドクソー企業がオビツ製作所である。

オビツ製作所は1966（昭和41）年、現代表取締役の尾櫃三郎氏が輸出向け玩具・文具類の製造・販売を目的に創業。1970年に株式会社に改組した。大手玩具メーカーの依頼に基づきソフビ人形などを製造し納品していたが、同業他社が転廃業する現実を目の当たりにし、生き残るために自社製品の開発・製造・販売を決意。この決意がオビツボディを生み出した。

このとき、特許や意匠といった知財の権利化も推進。知財武装を図り真似できない商品を開発した。

特許を取得した真似のできない商品の開発

子ども向け玩具の1つと思われていた精巧な人形（フィギュア）が、〝アキバ系〟に代表されるような大人にも支持されるようになって久しい。その楽しみ方はさまざまで、マニアになればなるほど、顔やボディの造形、ポージングなどにこだわりを持つようになる。このように多様化する一方のマニアの要求を、独自の「オビツボディ」で満たしているのがオビツ製作所である。

オビツ製作所は、玩具を地場産業とする東京都葛飾区で産声をあげた。現在、代表取締役を務める尾櫃三郎氏が設立し、いまなおソフトビニル（ソフビ）人形やフィギュアをつくり続けている。

いまでこそオビツ製作所は、オビツボディという自社ブランド商品を持つ玩具メーカーだが、「それまでは玩具メーカーの依頼で人形をつくる製造業者だった」と尾櫃氏は振り返る。しかし現在のオビツ製作所は尾櫃氏の言葉を借りれば、オビツボディの開発・提供によって、農家が消費者に直接、農産物を販売する「産地直送」を始めたのと同じ状態だという。

オビツ製作所が自社ブランド商品を持つメーカーになった背景には、中国メーカーの台頭があった。玩具業界でも低コストで生産できる中国企業への委託生産が拡大した結果、それまで大手玩具メーカーから製造を委託されていた中小零細企業は仕事が激減し、転廃業を余儀なくされた。

このような状況を目の当たりにした尾櫃氏は危機感を募らせた。「お客さんが海外生産に移行する以上、生き残るためには自分たちでモノをつくり売り出そうということになったのです」と言う尾櫃氏。そして国内で生き残るために、「特許を取得し、真似することができない商品をつくらなくては」という思いを強くした。

その結果生まれたのが、知財の塊ともいえるオビツボディであった。日本はおろか海外のマニアの間でも一定の市民権を得るほど好評を博している。

画期的な特徴を満載したオビツボディ

オビツボディの開発が始まったのは、2000（平成12）年ごろのことである。約3年の期間を要して完成にこぎ着けた。

オビツボディは、それまでのフィギュア用ボディでは考えられない画期的な特徴を多く持っている。

画期的な特徴の1つが骨格である。骨格には剛性に優れたABS（アクリルニトリル・ブタジエン・スチレン）やPOM（ポリオキシメチレン）といった硬質樹脂を使用し、肘や膝の

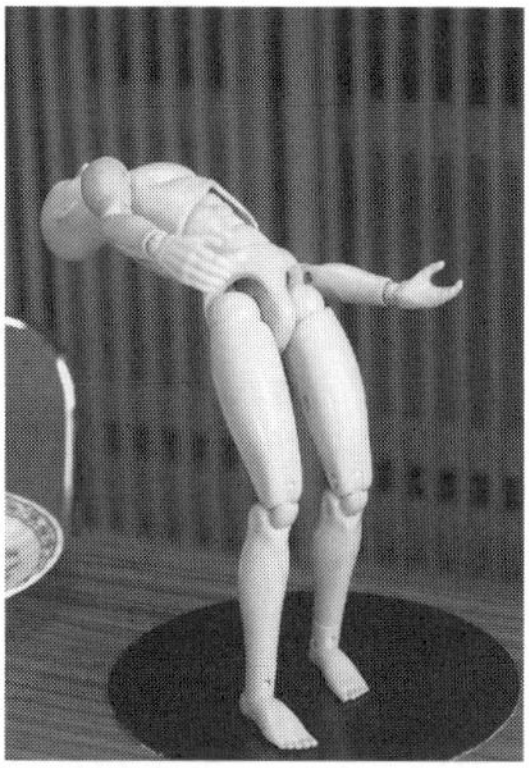
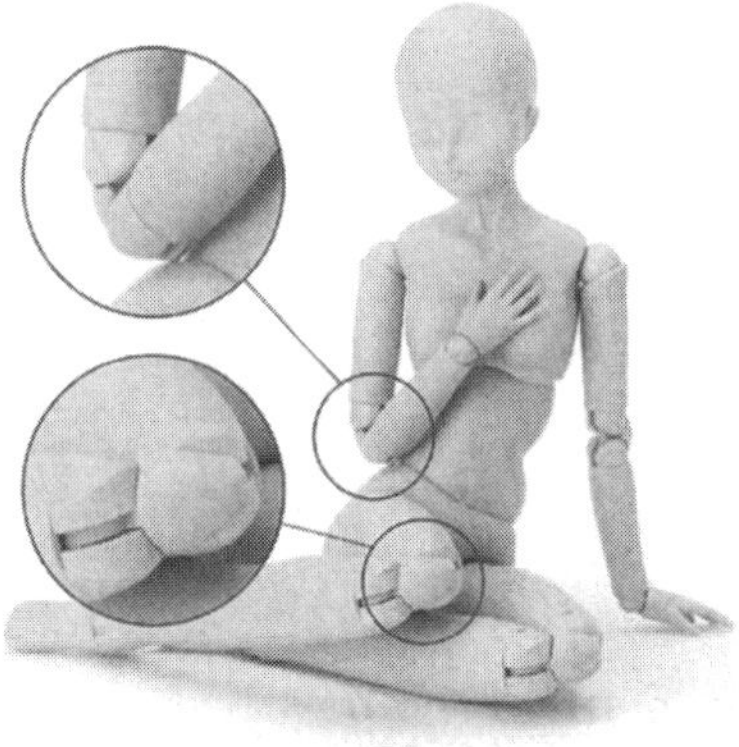

肘や膝の関節を二重関節にしたため人間らしいポージングが可能（右）
関節が丈夫なため、足裏にマグネットをつけることで自立できる（左）

関節を丈夫な二重式とした。さらに、モデルによってはスライド機構を内蔵した球状関節を採用している。

使用する材料や丈夫な関節の構造を採用したことにより、他社フィギュアでは補助スタンドなしに自立させることができないものの、重心を合わせれば補助スタンドなしでも自立させることができる。また、足裏にマグネットを装着することによって、スチール盤上で柔軟かつ自由なポージングをとることができるようになった。「関節がしっかりしているから、マグネットだけでも自立できるんです」と尾櫃氏は言う。

オビツボディの画期的な特徴はこれだけではない。まず、他のフィギュア用ボディとは異なりボディが分解できるので、バスト・ヒップの大きさに邪魔されず細いウエストにスカートなどを簡単に履かせることができる。また、女性用のボディの場合、水着などで肌を露出させることもあることから、可能な限りネジ止めを廃した。さらに、顔（ヘッド）に入れるアクリル製の眼球も動かすことができ、表情を変えることもできる。

ここに挙げた特徴のうち特許を取得したのは関節の構造、足裏のマグネット、ボディの分割、動かすことができる眼球。さして大きく複雑なものではないフィギュア用ボディにも、これだけの特許技術が活かされているのである。

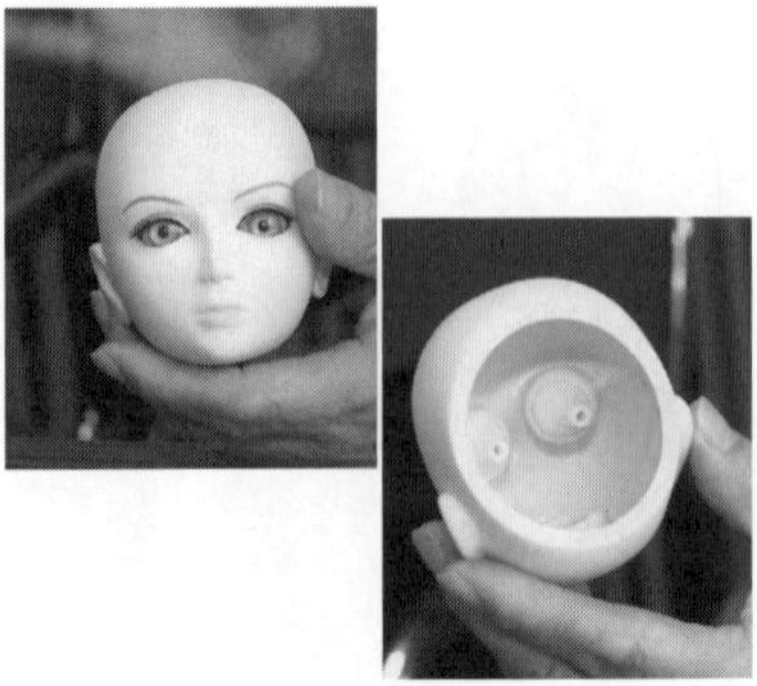

眼球も可動式なので、よりリアルな表情をつくることが可能だ

多くの画期的な特徴を持つオビツボディだが、開発のうえで苦労した点がユーザーニーズへの対応である。ボディのつくりや顔の表情に対する好みはユーザー一人ひとり異なるが、それらにすべて対応することは現実的に不可能。かと言って、すべてのニーズを満たす最適解があるわけでもない。ユーザーニーズへの対応はいまなお大きな課題としてのしかかっている。

このようなこともあり、オビツ製作所ではデザイン上のアイデアを広く募る意味で外部からの原型の持ち込みを歓迎するという。「女性ユーザー、男性ユーザーなど、フィギュア愛好者の裾野が広がり、多様化しています。そこで、プロ・アマ問わず、多くの原型作家とコラボレーションをして、世界のユーザーニーズに応えられるようなオビツボディをつくっていこうと思います」と尾櫃氏は語る。

営業妨害を乗り越える

オビツ製作所ではオビツボディの登場により、中国に奪われた生産が復活する動きも見られるようになったという。

例えば、それまで中国に生産を委託していたある大手玩具メーカーから引き合いが来るようになり、見積を依頼されたという。「大手メーカーは、オビツボディでとった特許の価値を認め、『自信を持って見積を出してください』と言ってきました。このときは特許を取っていて本当によかったと思いました」と、尾櫃氏はそのときの嬉しさを率直に表現する。

特許を取得したことの効果は、日本からなくなった仕事を取り戻すほど大きな効果があった。コストメリット以上の価値を提供したのである。

しかし、いいことばかりではなかった。オビツ製作所はオビツボディを発表後、大手同業他社から各種の嫌がらせや営業妨害を受け訴訟沙汰となり、東京地裁・高裁で4年間にわたって争うことになったのだ。

尾櫃三郎氏

この訴訟はオビツ製作所が全面勝訴したため決着を見るかと思われたが、敗訴した大手同業他社はすぐさま、特許庁に対しオビツ製作所の登録意匠は無効だとする無効審判請求を起こし争いが泥沼化することになった。しかし2006年5月、特許庁はこの無効審判請求を認めないとする審決を下したことで完全決着を見た。完全決着したことにより、オビツボディの独創性はより鮮明に印象づけられることになった。

営業妨害を受けたオビツ製作所は訴訟期間中、オビツボディをネットで販売していた。訴訟の間、営業妨害により問屋筋では取り扱ってもらえなかったのが最大の理由だが、このとき取り扱いを拒否したプラスチック玩具専門の大手卸会社が倒産していた。「いまにして思えば、取り扱ってもらえなかったことで焦げ付きが発生することもなかったので、運がよかった」と尾櫃氏は振り返る。

尾櫃氏は運のよさも強調するが、出口の見えない戦いを強いられたことに変わりはない。産地直送を目指して開発したオビツボディが思ったように売ることができなかったのは苦しかったはずである。

だから、完全決着したときの嬉しさは半端ではなかった。その嬉しさは「勝利記念感謝セール」の形になって表れ、ネット上で10日間、オビツボディと関連パーツを全品、2割引きで販売することによってユーザーと分かち合うことになった。

また、攻勢に転じた現在、尾櫃氏は「これから宣伝用途にも使ってもらえるよう、他社に働きかけていきたい」と豊富を語る。

絶えることのない素人からの売り込み

そして現在、オビツ製作所は素人からの売り込みに困っているという。民間業者に著作権登録したというアイデアが月に5、6件郵送されてくるというのだ。

著作権は本来、権利を得るために登録する必要がないばかりか、発明やアイデアは著作権では保護されない。しかし、そのことを知らない素人から、著作権登録したというアイデアの売り込みが絶えないというのである。尾櫃氏は「送られてくるアイデアには、正直いって商品化に値するものはありません。握りつぶすこともできますが、返事を待っている人の心情を考えると気の毒でそれはできません。騙されている人たちがかわいそうです」と言う。

著作権登録したアイデアを送ってくる人のなかには、アイデアの映像をビデオに収めて送ってくる人もいるほどで、採用してもらおうと必死になっている。しかし、素人のアイデアゆえ、プロから見れば採用に値しないものばかり。オビツ製作所にとっては迷惑以外の何物でもないが、売り込んできた人にはすべて、丁重に断りの返事を出しているという。

親身になって考えてくれる弁理士との出会い

オビツボディの特徴は、ほとんどが特許で保護されているほか、意匠も登録されている。日本のほか、フィギュアがブームになっている韓国でも特許を取得、台湾では商標を登録した。このほか現在、米国、欧州（欧州共同体の構成国）、中国で特許や商標を出願中だという。

「思いつくままに考えて、弁理士と相談しながら特許を取っている」と語る尾櫃氏。オビツ製作所で知財の権利化が活発になったのは、現在パートナーを組んでいる弁理士との付き合いが始まったことも大きく影響しているという。

現在の弁理士は、発明の内容をしっかり見極め、それが特許出願するに足るものかどうかを判断する。仮に特許出願すべきでないと判断しても、どこを変えればいいのか、どうしたら特許が取れるのかを一緒になって考えてくれるという。

弁理士がここまで親身になって考え対応してくれれば、全幅の信頼が置けるというものだろう。「弁理士次第で随分変わってきますね。弁理士の専門分野と特許を取得しようとする分野が一致していることも必要です」と尾櫃氏は強調する。

スラッシュ成型を守るために

ソフビ人形やフィギュアの成型法に「スラッシュ成型」というものがある。オビッツ製作所でもスラッシュ成型を行っており、最も得意としている。

スラッシュ成型の特徴は、樹脂成型では一般的なインジェクション成型（射出成型）に比べて金型代が8分の1程度で済むほか、でき上がった製品に筋が付きにくいことがある。尾櫃氏によれば、スラッシュ成型は葛飾区を中心に発展した特殊な成型法だが、玩具メーカーの転業により、できるところが非常に少なくなったという。

オビッツ製作所ではこれまで、絶えず技術を磨き続け、従来では複数の金型を使用しないとできなかった複雑な成型品を、1つの金型で成型することができるほどだという。

技術力を高めてきたのは、葛飾区を中心に発展してきたスラッシュ成型の特殊性を利用し国内で生き残っていくという決意をしたためであった。「日本のスラッシュ成型はイス取りゲームと同じで、最後まで頑張って生き残ればイスに座れます。最初は買い手市場かもしれませんが、生き残れば売り手市場になります」と尾櫃氏は言う。

努力の甲斐もあり、現在、スラッシュ成型といえばオビツ製作所と言われるほどにまでになった。フィギュアやソフビ人形以外にも、ビルの窓ガラスを清掃するときに使用する特殊な洗剤入れを、ビル清掃業者の依頼により定期的に製造しているという。

スラッシュ成型は特殊な成型法ゆえ、現在、後継者が不足しているという。「このままでは若い職人もだんだんいなくなるでしょうね。悲しいけど時間の問題です」と、このときばかりは残念そうに語る尾櫃氏。しかし、今後のことを考えれば、そんなことばかり言ってはいられない。若い職人の養成が急務になる。

だが、後継者不足よりもっと深刻なのは、成型に必要な設備が日本からなくなりつつあることだ。このままでは、設備が使えなくなった時点で廃業に追い込まれてしまう可能性が高い。すでに、原料を焼く釜をつくる業者は日本からなくなったほど。そればかりか、金型屋もなくなりつつあり、ソフビ人形用の塩化ビニルの生産を停止した化学メーカーもあるという。

尾櫃氏の目下の夢も、この現実と向き合ったものだ。「このままでは、技術はあってもスラッシュ成型ができなくなります。今後やる気のある若者が出てくるかもしれないので、スラッシュ成型を守るためにも、私が元気な間に何とか設備を新しくしていきたいです」と危機感を募らせる。

皮肉なことに、成型に必要な設備は日本にはなくても、台頭著しい中国にはまだ残っている。

できれば日本国内で何とかしたいというのが尾櫃氏の本音だが、それが叶わない場合は「悔しいけど中国から買ってきて、日本で使える仕様に改良してでも何とかしたい。情けないけど生き残っていくのが夢みたいなものだよ」と言う。

フィギュアという言葉が市民権を得たその裏では、メーカーの存亡がかかった深刻な事態が進行している。高い技術と品質を誇る日本製フィギュアが今後も生き残っていくためにも、何とかこの事態を乗り切ってもらいたいと切に願うばかりだ。

自動鐘打システムを開発

上田技研産業株式会社

もし、寺の鐘がひとりでに鳴ったら、きっと誰もが驚くはず。しかし、こんなことを可能にするシステムをつくったドクソー企業が上田技研産業である。梵鐘の自動鐘打システム「ナムシモック」を開発したほか、撞木のシェアも100％を誇る。

上田技研産業は1965（昭和40）年、奈良市に設立。ゴミ箱などの家庭用金物の製造を開始するも、スピーカーの製造にシフト、さらに撞木の製造に移行し現在に至る。撞木は全国の寺院のほか、別院のある米国や台湾でも利用されている。広島の平和の鐘の撞木も手がけた。

代表取締役の上田全宏氏は、21歳のときに近畿大学工学部を中退し上田技研産業を設立した。中学生のときから10代のうちに会社を設立するのが夢だったという。

寺の鐘を自動的に撞く

時を告げる鐘の音。最近は聞くこともめっきり少なくなったが、遠くから聞こえる心地よい響きは、いつも人の心を癒してくれる。しかし、重い撞木《しゅもく》を使って鐘を撞《つ》くのはなかなか重労働なものだ。

古都・奈良にある上田技研産業は1984（昭和59）年、日本で唯一の自動鐘打システム「ナムシモック」を開発。手間と労力のかかる鐘撞きを自動化した。

ナムシモックは梵鐘《ぼんしょう》を撞く撞木に自動化機構を組み込み、鐘を自動的に打てるようにしたもの。現在、北海道から沖縄まで日本全国に普及し、約1600の寺院に導入されている。南無阿弥陀仏の『南無』と『撞木』を合わせて命名された。

奈良にあり、寺院には欠かせない撞木を製造しているので、さぞかし長い歴史を持つ会社かと思われるが、設立は1965年と意外と若い。しかも、その若い会社が撞木で100％のシェアを持っている。

上田技研を設立したのは、代表取締役を務める上田全宏氏であり、21歳のときに設立した。「本当は10代のうちに会社を設立したかったんです」と言うだけあり、かなりの野心家だったという。

梵鐘の音を研究

上田技研はまず家庭金物の製造からスタート。しかし、独創的なものを手がけたいという想いから、すぐさまスピーカーの開発・製造にシフトし、以後20年近く専念した。現在のように撞木の製造を始めたのは1985年頃からのことである。

上田技研が撞木を製造する前は、宮大工が撞木の製造と維持管理を担当していた。「お寺に行くとシュロの木が結構植えられていますが、あれば撞木をつくるために植えてあるんです。木を切り樹皮をむき、その後乾燥させ縄で結わいてつくっていました」と上田氏は説明する。しかし、宮大工の減少により、手間のかかる撞木づくりは敬遠され難しくなっていった。買えるのであれば買ったほうが早い、という状況になったときに、タイミングよく上田技研が現れたのである。

撞木に関心を持つようになったきっかけは、梵鐘の音の研究だった。

スピーカーを開発・製造し音について研究していたという上田氏は、奈良という土地柄もあり、撞木を製造する以前に梵鐘の音を研究していた。上田氏は「それまで、梵鐘の音の研究は遅れていました。そこで鐘の音の周波数を測定したり、梵鐘の重量と撞木の重量の関係を調べたりしました」と振り返る。

研究を重ね梵鐘と撞木の関係を解き明かした結果、梵鐘の重量に相応した撞木の標準的な寸法、重量を明確にした。その研究成果を事業に結びつけたのである。

振り返れば誰もいなかった

撞木は梵鐘に合わせて1本ずつつくられるが、かつては感覚的につくられていた面があった。しかし研究により、データに基づいて製造できるようにしたのである。

「それまでの撞木は重量や材質にバラツキがあるだけではなく、梵鐘との重量配分にも決まりがありませんでした。しかし梵鐘に合った撞木の標準的な寸法・重量を明確にしたので、重量を見直すだけで低音域や高音域だけを強調した音を出すことが可能です。最近では撞木の先端の硬さを自由に変え、好みや梵鐘の設置場所の条件に合った音をつくることもできます」

こう語る上田氏だが、これができるのも、撞木づくりに標準化という概念を持ち込んだからこそ。標準の背後にはデータに裏づけられたノウハウがあるので、標準を基点にしてさまざまな音色をつくることできるのだ。

また、上田氏が言う先端の硬さを変えることができる撞木とは、金属フレームの撞木のことを指す。金属フレームの撞木は、金属製のボディに木製のヘッド（先端部）を合わせたもの。撞き続けると木の繊維が硬くなることから、柔らかさを保つために木に溝を彫り、そこに革や

上田全宏氏

樹脂を入れる加工を施している。このような加工を施すので、あらかじめヘッドの硬さが変えられるのである。

さらに、ヘッドが傷んだら交換するだけで新品になるため、すべて木製の撞木に比べて経済的というメリットもある。

上田技研が撞木でシェア100％を達成したのは、何もタイミングがよかっただけではない。むしろ、絶えず進歩することを目指して攻めの姿勢を貫き、地道な努力を重ねたためである。その結果、振り返れば誰もおらず、100％のシェアを獲得していたのだ。

失われつつある郷愁を取り戻す

しかし、人手不足が深刻だったのは宮大工よりも寺院のほうである。時代の流れとともに寺男や小坊主が減少し、住職が不在の無住寺院も目立つようになってきた。

ナムシモックを開発したのも、人手不足になった寺院からの強い要望からだった。最近では鐘の音を聞く機会が減り、除夜の鐘ぐらいしか聞かなくなったという人も多いはず。それはひとえに、寺院の人手不足によるものである。

梵鐘を真面目に撞き時を知らせるとなると、1日2回、朝と夕方に撞く。しかし人手不足で撞き手がいなければ、時を知らせるどころではない。それでも鐘の音で時を知らせたいという寺院側の切実な想いに応えたい、という一念が、ナムシモックの開発の原動力になった。

しかし上田氏は、寺院の事情とは別の視点からナムシモックの開発を捉えた。それは次のようなものである。

「鐘の音は日本人の大事な郷愁なんです。かつては皆、鐘の音を聞いて育ってきたものですが、だんだん鐘の音が聞かれなくなりました。しかし梵鐘を自動で鐘打するシステムを開発すれば、少しは郷愁を取り戻せるのではないかと考えたのです」

ナムシモックの開発で上田氏は、われわれが忘れかけた大事なものを呼び覚まそうとしたのだ。

ナムシモックは、金属フレームの撞木の中にモータとギア、キックカム、スプリングで構成された自動化機構を内蔵。スプリングを縮めることで力を蓄え、キックカムがローラーアームを蹴った瞬間、ローラーが力点になって蓄えた力が撞木を前に強く押し出す。ローラーアームは梵鐘を撞く直前に上から降り、撞き終わると再び元の位置に戻る。専用のタイマーと連動させれば、全自動で毎日同じ時間に梵鐘を鳴らすことができる。

開発で苦心した点は、限られた撞木の直径の中に自動化機構を収めることにあった。撞木の中に自動化機構を収めたのは、梵鐘を吊るす鐘楼の美観、雰囲気を損なわないようにするためだ。撞木の上部にローラーアームがある以外、鐘楼に大きな変化はない。

上田氏は、「鐘楼の中に機械を取り付け、鐘打を自動化するシステムをつくられたところもあったんです。それは寺院側の工夫などでできたものですが、鐘楼内に機械を取り付けると本来の姿を崩し、美観と雰囲気を損ねます」と言う。単に自動化するのではなく、鐘楼の姿にまで配慮し開発したのである。

何の変哲もない鐘楼で、人がいないのにもかかわらず撞木が動き梵鐘を撞く光景を見たら、きっと驚くに違いないだろう。

守るべきものは権利化して守る

ナムシモックには3年保証がついており、3年以内に上田技研が定期メンテナンスを行っている。初回の定期メンテナンス以降、3年を目安に定期メンテナンスを実施するが、上田技研の社員は全部で7名。7名で1600ものメンテナンスを担当するのだから、その労力は計り

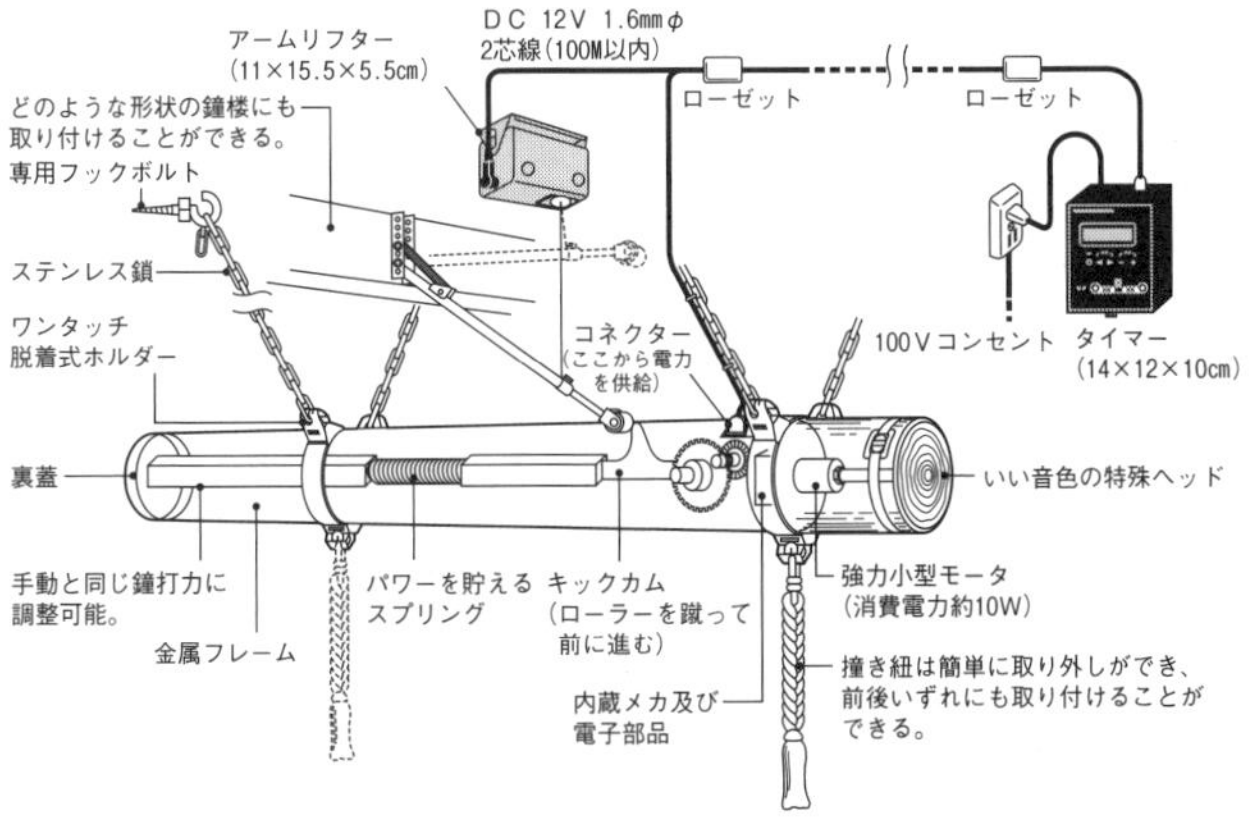

ナムシモックの構成

知れない。さらに、手動の撞木も含めて考えれば、メンテナンスは想像もつかないほどの手間を要し、このうえなく煩雑だ。

そのため上田技研は、独自の「NAMメンテナンスシステム」をつくり、マンパワー不足を解消した。これは、万が一撞木にトラブルが発生したとき、専用の箱で上田技研まで送ってもらい、上田技研で修理して返送するというもの。修理を依頼した寺院には上田技研から代品が送られ、修理された撞木が戻ったら、代品を上田技研に送り返すようになっている。

撞木は特許を取得した独自のワンタッチ脱着式ホルダーにより、寺院でも簡単に取り付け・取り外しができる。ホルダーは撞木に4カ所に装着されており、鎖を引っ掛けるだけで確実に固定される。取り外すときも引っ掛かった鎖を外すだけである。

■天女像
銅仕上げの表面に４体の天女の彫刻を施した気品の高い製品

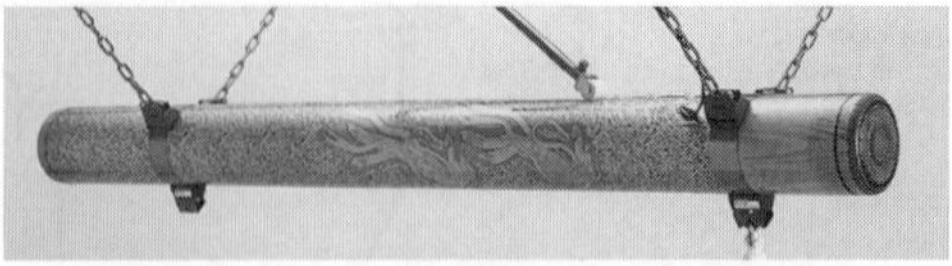

■木目調
銅生地の表面に木目を彫刻し、木質感に仕上げた製品

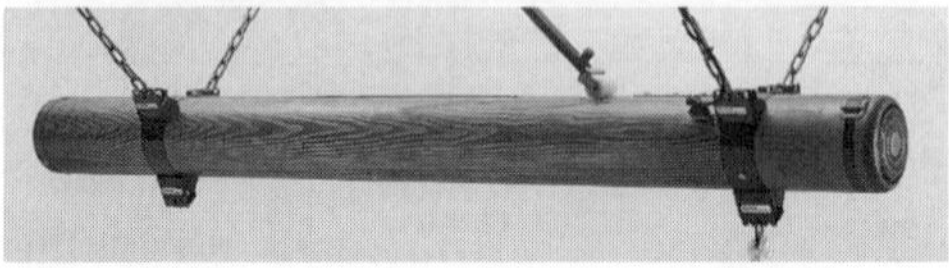

■龍模様
銅の表面に２体の龍が飛び交う姿を彫刻

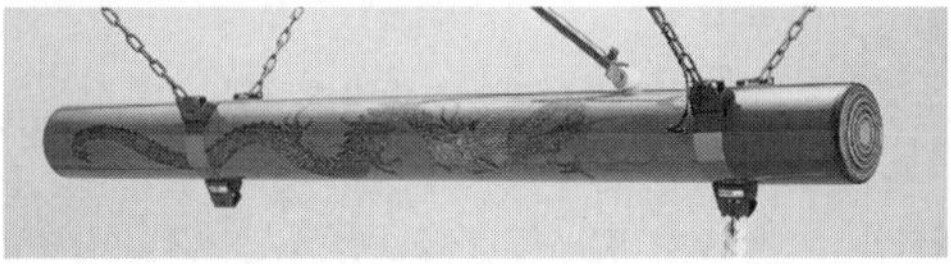

ヘッドが交換できる金属フレームの撞木。胴体に柄を施すこともできる

なお、ナムシモックはそれ自体で特許を取得しているほか、ホルダーとカムの動きに連動させる瞬間反発装置、金属フレームの胴体に施す柄の製造技術など、主要技術でも個別に権利化している。これまでに取得した知的財産権は20件程度だ。

「ライバル企業が不在なので、最近はちょっと（出願を）横着しているところがあります」と自戒する上田氏だが、シェア１００％で権利化に対する意欲がなくなったわけではない。発明したら必ず、特許は出願するという。「製造業だから丸腰というわけにはいきません。守るべきところはきちんと権利化して守ります」と権利化に対する意識は高い。

信仰心に基づいた商売の姿勢

ユーザーが寺院とある種特殊なため、寺院ならではの商売の難しさがあるはずだろう。寺院相手の商売の難しさを上田氏に問うてみたところ「商売の姿勢が信仰心に基づいていなければならないこと」という答えが返ってきた。寺院は本山組織となっているため、よくないことがあると、あっという間に全国にくまなく広がってしまうからだ。

それに、営利追求の姿勢が必要以上に目立てば、寺院から共感が得られないこともその理由となっている。寺院との商売では、すべてのことに誠心誠意であたり、思いやりをもって迷惑をかけない、という姿勢が何よりも要求される。

寺院の要望に誠心誠意応えた結果が、現在の上田技研をつくったが、ときには意外な要望が示されることもある。その一例が、ろうそくの製造である。

上田技研で製造するろうそくは、仏に灯明を供え、滅罪生善や諸願成就を祈念する万灯会《まんどうえ》用のカップロウソク。奈良県工業技術センターと共同で意匠を出願した。「底辺に慈悲や愛というものがないと、いいモノはつくれません。そういう意味では、撞木をつくるのも、ろうそくをつくるのも一緒だと思います。基本は心です」と明快に答える上田氏。この慈悲や愛が根底にあったからこそ、ろうそく製造の話があったときも「つくれない」とは思わなかったという。

1個づくりは中小零細企業のほうが強い

ナムシモックの開発後、上田技研では新たな事業として、ベルシステムと花時計・壁面時計の大型時計事業を立ち上げた。

ベルシステムとは洋鐘（ベル）を自動鐘打するもの。梵鐘メーカーであれば大抵、洋鐘も製造でき、ナムシモックのノウハウを使えば開発するのが比較的容易だったことから始められた。主に公園などで用いられる。

一方、花時計はベルシステムと同じく、公園設備として考えられたものだった。事業を始めた当時、日本はバブル期で、行政が緑地や公園の環境整備に熱心に取り組んだ頃だった。

上田氏は花時計に参入した理由を「1個づくり」にあることを明かす。梵鐘に合わせて1本ずつつくる撞木と同じく、花時計も単品の1個づくり。すでに先発メーカーとしてセイコーやシチズンなどの大手企業が参入していたが、「量産メリットの出ない1個づくりは、大手メーカーよりわれわれ中小零細企業のほうが強いはず」と意に介さなかった。壁面時計も大きな針を動かすという点で花時計と同じであり、なおかつ1個づくりであることから参入を決めた。

大型時計の施工実績は花時計で約100台。JR高槻駅（大阪府高槻市）前や浜松フラワーパーク（浜松市）などで見ることができる。

奈良の活性化のために

上田技研は奈良にあることから、全国的に寺院からよい印象を持たれ、ビジネスで得をしてきた。ビジネス上のメリットを生むこの地からは離れられないという。

今後も奈良に居続けたいという上田氏の夢は、地元奈良の活性化。その第一弾として「宝山寺みそ」をつくり、奈良ブランドの土産物として普及に注力しているところだという。社内に「宝山寺味噌工房」を設け製造し、生駒市にある宝山寺前の売店で販売している。

また、山林が多く林業が盛んな奈良県の特徴から、人と木材を運ぶ林業用のモノレールを開発する計画もある。そのために特許も出願する考えで、将来実現する見通しだという。

地域活性化に向けた取り組みや構想は、産業だけに限らず人材育成にも及ぶ。上田氏は十数年前から奈良県内の小学校、中学校の教師を対象に三碓村塾《みつがらすそん》を非営利で主宰、教師に自己研鑽の場を提供している。学校からの講演依頼も多く、引っ張りだこだという。

「モノづくりも人づくりも、着目点は基本的にはまったく同じです」と強調する上田氏。仏の教えに導かれるかの如く、ビジネスと地域活性化の両立を目指そうとしている。

世界唯一の自動串刺し機メーカー

コジマ技研工業有限会社

コジマ技研工業は、串刺し作業を自動化する自動串刺し機を開発するドクソー企業。後発ながら独自の技術でユーザーの信頼を獲得し、いまや世界で唯一の自動串刺し機メーカーになった。

だが、その歩みは決して平坦ではなかった。1985（昭和60）年の設立当時、自動串刺し機は受け入れてもらえず、そのうえ同業他社が長きにわたってコジマ技研の機械を模倣し続け、模倣被害に悩まされてきた。しかし、こんな障害にもめげることなく、ひたすら技術を磨き続けたことで同業他社が追従できなくなり、世界唯一のメーカーとなり得ることができた。

社是は「創意　工夫　努力　正しく」だというコジマ技研。そんな企業がドクソー企業になるまでの過程を追ってみた。

小さくても日本一になる

赤ちょうちんの定番メニュー、焼き鳥。鶏肉を焼く煙に誘われつい一杯、という経験をした人も多いことだろう。

しかし、その裏では時間をかけて鶏肉に串を刺し準備している。熟練者でさえ1時間に100本程度しか刺すことができないというから、串刺しは思った以上に手間がかかり重労働な作業なのである。

手間がかかり重労働なこの串刺し作業の自動化にチャレンジした企業が、神奈川県相模原市にあるコジマ技研工業（以下、コジマ技研）である。いまや世界で唯一、自動串刺し機を開発・製造するメーカーとして確固たる地位を確立している。日本国内で90％以上のシェアを持つほか、欧米や東南アジアなど海外にも広く輸出されている。

コジマ技研が自動串刺し機の開発に着手したのは1975（昭和50）年のこと。きっかけは、創業者の小嶋實代表取締役が常連として通っていた焼き鳥屋の店主から「機械屋だったら串を刺す機械をつくってみたらどうか」と言われたことだった。

小嶋氏は1960年代半ばに脱サラし、友人3人と共同で半導体関連の自動機を開発する会社を興したが、1973年にその会社が倒産。自動串刺し機の開発をスタートさせた当時、倒

小嶋　實氏

産した会社の残務整理をしながら個人として請け負ったという。

小嶋氏にとって食品機械は未知の分野だったが、何とか完成させその焼き鳥屋に串刺し機を納品した。しかもその後、その串刺し機がよく売れたことから、その評判が大阪の食品加工機械メーカーに届き、１９８０年にその会社にＯＥＭ（相手先ブランド製造）供給することが決まった。

これを機に量産が始まることから、小嶋氏は１９８１年に個人事業としてコジマ技研を創業。その後、ＯＥＭ契約を解除し、１９８５年に専業メーカーとして現在のコジマ技研を設立した。

小嶋氏はこう述懐する。

「開発を請け負ったときは貧乏で、一杯飲みたさに『つくってみようかと』いうことで始めました。やっていくうちに面白くなってきたのですが、まさか、これが本業になるとは思いもよりませんでした」

会社設立から二十数年が経過。設立当時の小嶋氏の願望は、「小さくても日本一になること」だった。しかし、いまや日本一どころか世界一になり、願望は達成された。

悪評高かった自動串刺し機

小嶋氏が知るところでは、1971年頃にはすでに、自動串刺し機をつくるメーカーが2〜3社あったという。コジマ技研は後発メーカーになるが、「先発メーカーがあったことは知らなかった」そうだ。それればかりか、コジマ技研を設立したときには、すでに同業社が少なくとも16〜17社あり、ニッチな業界で激しい競争が繰り広げられていた。

小嶋氏はコジマ技研を起業する以前に約900台の自動串刺し機を納入してきた実績を持っていたこともあり、機械の精度には自信を持っていた。

ところがコジマ技研設立後、食肉加工業者などが自動串刺し機に対して強い恨みを持っていることを知ることになる。その背景には、機械に対する信頼性の低さがあった。

他社の自動串刺し機は串をうまく刺すことができず、ユーザーからの評判がとにかく悪かった。串を刺すことができても、手直しは当たり前。しかも、一度串に刺した鶏肉から手直しのために串を抜くと肉がばらけてしまい、焼き鳥の材料としては使い物にならなくなる。

効率がよくなるどころか悪くなる一方だった当時の自動串刺し機。信頼性はマイナスだった。したがって、自動串刺し機と聞いただけで拒絶されたほどだったという。

「えらい業界に入ってしまった」

これが当時の小嶋氏の本音だった。

しかし、焼き鳥に代表される串物は伝統がある。伝統があるだけに、なくなることはないと判断した小嶋氏は、きちんと刺すことができれば必ず売れると確信した。それまでにつくっていた機械でもきちんと刺すことができたが、なぜ他社の機械ではうまく刺すことができなかったのかを徹底的に研究し、より精度の高い自動串刺し機を開発することにした。

食材とつくり方を徹底的に研究

他社の自動串刺し機の研究を経て、コジマ技研は独自技術を採用した新しい自動串刺し機の開発に成功する。

開発された新しい自動串刺し機は、ベルトコンベヤーにトレー（型）をセットした後、その上に食材を載せ、トレーが串供給装置の前まで運ばれてくると串を自動的に刺す。その際、トレー上の食材は上から金属板で押さえられるため、串刺し時に食材が安定し、正確に中心を突き刺すことを可能にした。刺すことが可能な串は最短で6㎝、最長で30㎝である。

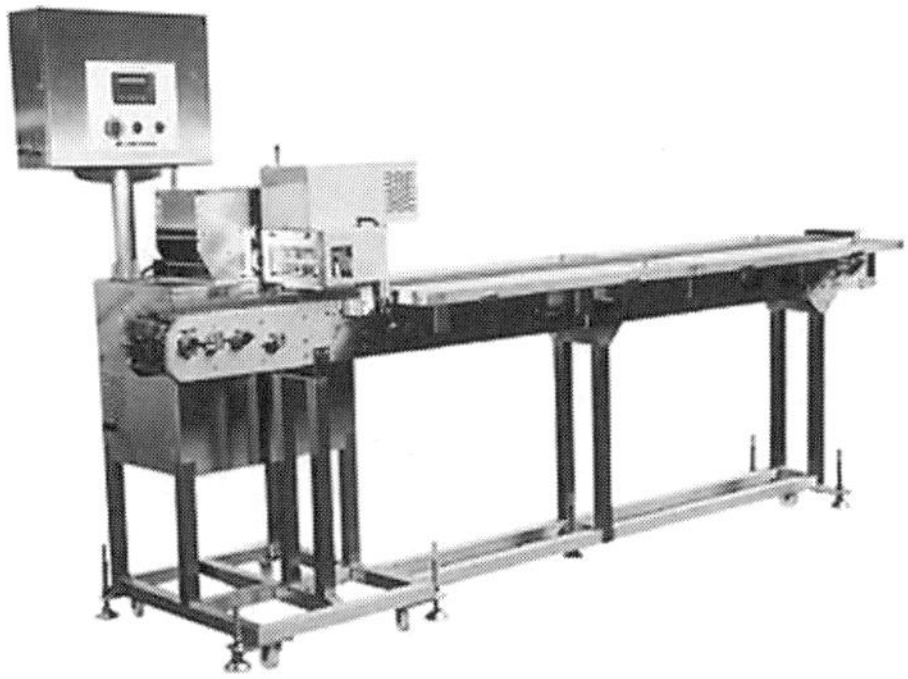

万能型自動串刺し機「MY-60」

串を食材の中心に正確に刺す秘密はトレーにある。

焼き鳥は肉の大きさが1つひとつ異なる。また、食肉の種類や部位によってカット方法が異なり、硬さや形状も異なる。こうした特徴が正確な串刺し作業を困難にしていたが、コジマ技研では食材ごとにトレーをつくることでこの問題を解決したのである。

トレーはユーザーが実際に使用する食材をサンプルにしてつくるため、これまでつくったトレーは900種類を超える。ベルトコンベヤーにはマグネットで装着するため、外すことも簡単にでき、トレーさえ変更すればあらゆる食材に対応することができるようになっている。

また、トレーと金属板には凹凸があり、上から押さえつけることによって肉が波を打つようになっている。肉を波形にして刺すことにより、一度刺すと抜けることもなくなった。

これら一連の工夫は人間の動作を機械に置き換えたもの

で、小嶋氏が実際に食肉加工場で学んだ串刺し作業からヒントを得た。食材とつくり方を徹底的に研究した結果、考案されたものである。

「一週間食品加工場に通い、肉の切り方や串の刺し方を学びました。このとき、肉を刺すときは肉屋にならなくちゃいけないと思いましたね。デスクワークではできませんよ」

小嶋氏はこう語る。

さらに、トレーにはもう一つ大きな特徴がある。それは、串刺し後に計量しなくてもいいよう、つねに一定の重さでできるようにトレーが設計されていることである。材料を満遍なく入れればほぼ一定の重さのものができるようになっているのだ。

人間の動きを置き換えた自動串刺し機を小嶋氏は「発想の機械」と称する。そう言うだけあり設計図も手書きにこだわる。小嶋氏の机の横には最近では珍しくなった製図台が置かれ、一本の線を引くのも考えながら行うという。

「人にやさしい機械」を志向

「自動串刺し機を使う主体は技術屋ではなくパートの女性です。機械の素人でも使えるものでなければ普及しませんでした」

小嶋氏は、自動串刺し機がヒットした要因をこのように分析する。機械の専門知識がない素人にも扱える機械、いわば「人にやさしい機械」をつくったことがヒットに結びついた。

人にやさしい機械づくりを追求するため、コジマ技研では最近まで自動串刺し機のマイナーチェンジを繰り返していた。ユーザー企業のパート社員から「こうしたほうがいい」というアドバイスや使い勝手、評判を聞き出しては改良点を見出し、機械にフィードバックしてきた。

また、自動串刺し機は機械の専門知識を持たない素人が扱うため、コジマ技研では故障が起きない機械の開発も追求している。仮に故障や異常が発生しても、ほとんどが電話での問診で対応が可能なほど。故障や異常が発生すると本体の表示盤にメッセージが表示され、メッセージについて電話で問い合わせれば、的確な処置方法が指示される。海外にもコジマ技研の自動串刺し機は輸出されているが、メンテナンスのために海外に出向いたことはないという。

他社が真似できない機械をつくり続ける

コジマ技研が自動串刺し機のマイナーチェンジを繰り返したのは、他社が真似できない機械をつくるためでもあった。

かつてコジマ技研では、自動串刺し機の図面が製造委託先の企業から流出し、その結果、模倣品が市場に流通するという苦い経験をしたことがある。自動串刺し機メーカーは昭和末期、コジマ技研を含め4社しか残らなかったが、コジマ技研を除く3社がコジマ技研の技術を不正

自動串刺し機で串刺しされた焼き鳥は身が崩れることなく見た目もきれいに仕上がる。またトレーさえ変更すれば、あらゆる食材に対応できる

に利用したという。

コジマ技研が被った被害はかなりのものだったことは容易に想像がつく。一時は訴訟を起こすことも検討したが、結局、法的手段はいっさい講じなかった。

その代わりコジマ技研は、他社が真似することのできない機械をつくり続けていくこと固く決心した。

ひたすら改良を続けた結果、コジマ技研は2003（平成15）年に万能型自動串刺し機の開発に成功した。万能型自動串刺し機とは、一度に複数本の串を刺すことができるほか、丸串や角串、平串、幅広串、鉄砲串、などといった7種類の串を刺すことを可能にしたものである。

コジマ技研が改良を重ね技術を高め続けている間、古い技術を使い続けた模倣品メーカーは次々と倒産し、最後に残ったメーカーも2003年に倒産した。

不正な手を使い模倣することは決して許されることではない。だが皮肉なことに、模倣品メーカーの存在によって技術面での競争が起きたことも事実。小嶋氏も「いまにして思えば、真似をする会社がなかったら機械を改良することなく現状に満足していたかもしれません」と振り返る。

そんな小嶋氏のモノづくりの信念は「図面には書けないノウハウがある」である。図面は盗むことができても、ノウハウまでは盗むことができないという意味であり、ノウハウを何よりも重んじる。

そのノウハウを守るため、コジマ技研では図面流出が起きた以後、製造委託先を複数の企業に分散させたほか、最終組み立てと調整をコジマ技研で担当することにしたという。

未来型の串刺し機の実現に向けて

現在、コジマ技研では自動串刺し機を焼き鳥に限定せず、「あらゆるものに串が刺せる」をキャッチフレーズに、さまざまな食材への串刺しにチャレンジしている。その結果、焼き鳥以外にも串かつ、さらには野菜、魚貝類、餅、ぬれ煎餅への串刺し作業を自動化した。また、コンビニで売られているおでん、東京ディスニーシーやユニバーサル・スタジオ・ジャパンで売られている棒付きアメも、コジマ技研の自動串刺し機によって串が刺されているという。

これらはいずれも、食品メーカーから依頼を受けて実現させたものばかり。引き合いや問い合わせが多く、週に4日は工場に業者が訪れて機械のテストが行われるほど。そのうちの8割以上で商談が成立するという。

食品メーカーやコンビニのような小売業など、つねに売れる食品の企画・開発に追われる企業にとって、食材と製造工程に関するノウハウを多く持つコジマ技研は信頼高きパートナーといえる。小嶋氏は「ユーザーとともに歩むことが、発展する1つの要素になるのではないでしょうか。そういう意味で不可能はないと思います」と語る。

2008年には、環境に配慮し、作業者にやさしく、また生産効率の向上を目的にした新型のECO自動串刺し機を開発した。新型機は作業効率の向上を目的に、従来の間欠運転からコンベヤースピードが分速1100㎜の連続運転にし、食材供給者の負担を軽減したのが特徴。また、現物（食材）確認センサを標準装備し、食材供給トレーにのみ一連の動作をさせるなどといった従来機と比較して、消費電力の削減を実現している。

そして、小嶋氏は将来、未来型の串刺し機を具体化したいという。

未来型の串刺し機とは、食材や串を自動供給し無人で作業できるようにするもの。2008年で75歳になる小嶋氏は、「あと10年のうちに実現したい」と意気軒昂だ。

しかし、小嶋氏の夢はこれだけではない。まず、2006年から本腰を入れ始めた海外での販売を強化すること。海外でもすでに日本の焼き鳥が有名になっていることから、串刺し機もこれに合わせて普及させることを目指すという。

さらに小嶋氏は、「焼き鳥屋の経営もやってみたい」とも言う。ありきたりな店ではなく、時代に先駆けた新しいタイプの焼き鳥屋を考え計画するとのことだ。もちろん、そこでは自動串刺し機がフル活用されることだろう。

自動串刺し機に対する悪評の払拭や模倣品との競争など、これまでのコジマ技研の歩みは苦難の連続だった。しかし、将来の夢を嬉しそうに語る小嶋氏から、そんな過去があったことをうかがい知ることはできない。そこに見えるのは、真面目に技術を磨き続けてきた技術者の顔である。

企業データ

・**株式会社エルプ**

資本金　7620万円
所在地　さいたま市南区南浦和3-10-1
従業員　6人
ＵＲＬ　http://www.laserturntable.co.jp

・**株式会社オビツ製作所**

資本金　1100万円
所在地　東京都葛飾区金町4-14-8
従業員　7人
ＵＲＬ　http://www.obitsu.co.jp

・**上田技研産業株式会社**

資本金　1000万円
所在地　奈良市帝塚山1-1
従業員　7人
ＵＲＬ　http://www.namsystem.co.jp

・**コジマ技研工業有限会社**

資本金　1000万円
所在地　神奈川県相模原市横山台1-12-3（工場）
従業員　4名
ＵＲＬ　http://www.kojimagiken.co.jp

第3章

他社が真似できない独自技術を持つドクソー企業

常識に捕らわれない金属加工のマジシャン

岡野工業株式会社

得意の深絞り加工を駆使し、他社ではできなかったウォークマンのガム型電池のケースや携帯電話のバッテリーケースを製作してきたドクソー企業が岡野工業である。創業当初は金型製造業だったが、現社長の岡野雅行氏が社長に就任した1972（昭和47）年以降、金型製造とプレス加工の2本立てで事業を推進してきた。これまで幾度となく、不可能といわれてきた加工を可能にしてきたが、「痛くない注射針」を開発したことで、さらに注目を集めることになった。

革新的な商品は、ドクソー的な発想をする人材とそれを実現できる高い技術力の融合なしには生まれない。「痛くない注射針」も、岡野氏の力なしには生まれなかった。不可能を可能にする岡野氏のチャレンジ精神と岡野工業の技術力に迫りたい。

不可能を可能にする奇跡の町工場

2005（平成17）年度のグッドデザイン賞 大賞を受賞したテルモのインスリン用注射針「ナノパス33」。世間をアッと言わせた「痛くない注射針」のことであり、ご存じの方も多いことだろう。程度の差はあれ、「注射は痛い」という固定概念を打ち破った画期的な製品として、高く評価されている。

糖尿病に苦しんでいる人は一日に何度もインスリンを自己注射することがある。患者にとって毎日のインスリン注射は苦痛なこと以外何物でもない。「何とか注射の苦痛を和らげられないものか」という思いから、テルモは革新的な注射針のプロジェクトを立ち上げた。

開発に当たり、テルモは日本全国の金型製造業、プレス加工業、パイプ加工業の約100社に協力を依頼した。しかし、どの会社からも「できない」と断られた。困った末にテルモは、プレス加工技術で世界的評価を得ている岡野工業に協力を求めた。

岡野工業は金属の深絞り加工を得意とするプレス加工会社で、従業員はわずか6名の町工場である。オーナーである岡野雅行氏の肩書は「代表社員」。これには少し説明がいるが、代表社員とは一般の会社でいえば代表取締役社長に当たる。あくまで自分は社員の中の代表であるという姿勢から、あえて代表社員という呼び方を貫いている。

下町・向島育ちらしく威勢良く話す岡野氏。落語の世界に出てきそうな印象の人物だが、プレス加工の世界では不可能とされてきた加工を次々と実現させてきた超一流の職人である。

依頼を受けた決め手は人間性・信頼性

ところで、なぜどの会社もナノパス33の開発への協力を「できない」と断ったのか。それは、ナノパス33が要求した太さと形状が、従来の注射針では考えられないものだったからである。ナノパス33の太さは先端が0・2㎜、根元が0・35㎜。従来、一般的に使用されているインスリン用注射針の先端は0・25㎜で、約20％細くなっている。

根元から先端まで同じ0・2㎜でつくるのであれば、どこでも問題なくつくることができる。しかし、根元から先端まで同じ太さだと抵抗がかかり、薬剤をうまく押し出すことができない。そこで、抵抗を軽減するため、ナノパス33は先端にいくほど細くなるテーパー形状を採用した。細くなっただけではなく、形状に特徴を持たせたため加工が難しくなり、技術的に不可能であるということから、どの会社も断ったのである。

こうしたいきさつを経て、ナノパス33開発への協力依頼は岡野工業にやってきた。岡野氏も最初、ナノパス33の図面を見たとき、「こりゃあ大変な図面だよな」と言ったほどだった。だがこのとき、似たような製品をつくった経験が生かせるのではないかと岡野氏は考えた。

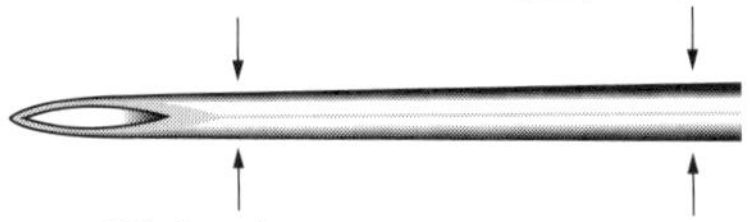

ナノパス33の拡大図

「ガス器具の部品でこれに近いものをやってるの。これよかもっと太いんだけど、それを応用すればできんじゃないかなと。でも、0・2㎜は見えないんだよ。『ちょっと難しいんだけど考えさせてくれ』ということで1カ月ぐらい考えて、できるかもわかんねえから一応やってみようってことにしたんだ」

岡野氏はこう振り返る。

そしてもう1つ、テルモからの協力要請を受けた大きな理由がある。それはテルモの担当者にあった。再び岡野氏は振り返る。

「テルモの担当者にはじめて会ったとき、『この男はウソをつかない男だ。後ろから鉄砲は撃たねえな』と思ったから、やってやろうってことになったんだよ」

担当者の熱意を意気に感じたのはもちろんだが、決め手は人間性であり信頼性。義理人情は紙より薄いというような世知辛い時代にあって、信頼性を何よりも重んじた。岡野氏は仕事の依頼を受けるとき、会社名になびいて判断することはしないという。

岡野氏の人をみる目は、生まれ育った環境が育んだ。向島界隈

岡野雅行氏

はその昔、花柳界や遊郭があった歓楽街。子どものときから歓楽街に出入りし、さまざまな人たちと接してきた岡野氏は、自然にいい人、悪い人の区別ができるようになったのだという。

常識を覆す製造方法で「痛くない注射針」を実現

開発に取り組むこと半年、2002年に痛くない注射針の試作品が完成した。試作品はそれまでの常識を覆す新たな方法によって生み出された。

注射針は一般的に、パイプを細かく切断し、研磨してつくられる。この方法が、長らく注射針製造の常識とされてきた。

岡野氏が考えた製造方法は、金属板を丸めるというものであった。複数の工程が組み込まれた順送金型をプレス機械に組み込み、ステンレスのコイル材を機械に供給して金型内で丸めるというもの。先のガス器具の部品づくりに使用した製造方法を適用した。

しかし、過去に経験のある製造方法を適用したとはいえ、サイズは極小。さすがの岡野氏も半年の間、さまざまな課題に直面し、解決に時間を要した。やり直しが何百回にも及んだほか、微細かつ複雑な金型を加工することができる工作機械がなかったために、金型づくりに苦慮。潤滑に関しても神経を相当使ったという。

開発は困難を極めたが、当の岡野氏は「面白くて仕方がなかったよ」と言う。「仕事が好きだから苦労なんて全然ない」と言い切るその姿からは、困難を微塵も感じさせない。

なお岡野氏は、金属板を金型内で丸めてつくるという製造方法は「注射針にとって理にかなった製造方法だ」と指摘する。

なぜなら、パイプを使ってつくる場合は外側はキレイでも、内側はデコボコで汚く、薬剤を押し出す際に抵抗がかかって出にくい。これに対し表も裏もキレイな金属板を丸めてつくれば、薬剤を押し出すときき抵抗がかからず、スムーズに出てくる。新しい製造方法は、薬剤を注入しやすい注射針づくりも可能にするものだった。

大企業と共同で特許を取得

製造方法を確立した岡野氏は、すぐさまテルモに特許の申請を依頼し、共同出願人として名

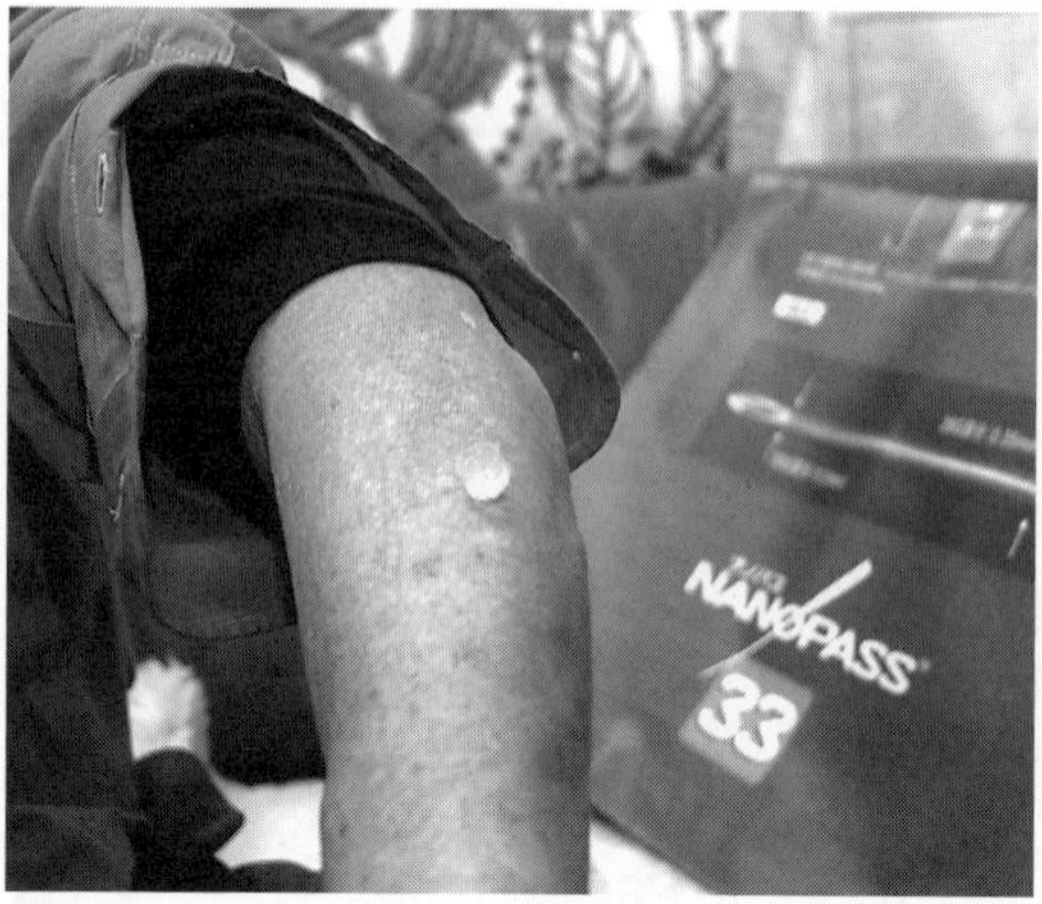

取材中、痛くない注射針が本当に痛くないことを岡野氏自ら体現

を連ねた。この場合、出願料・維持料はすべてテルモが負担した。

このケースに限らず、岡野工業では必ず、仕事を依頼してきたメーカーと共同で特許を取得するという。取材場所となった岡野氏の自宅の応接間のテーブルには、数々の試作品のほか大手企業の知財部門から送られてきた特許関係の書類が山のように積まれており、かなりの出願案件を抱えていることを窺わせた。

では、なぜ自社単独ではなく大企業と共同で特許を取得するのだろうか？　それは、町工場や中小企業が単独で特許を取得しても、万が一訴訟になった場合、相手が巨大であれば時間や経済面で耐える体力がないためである。出願や係争は知財の専門家を抱える大企業に任せ、岡野工業は開発に専念する方が賢明という判断だ。

これは、過去に岡野工業が特許訴訟で苦い経験をして得た教訓で、「単独で特許を取得してもダメ」と岡野氏は断言する。経験から導き出したというこの戦略は、町工場や中小企業には参考になるのではないだろうか。

抵抗勢力から発明を守る

試作品の開発から3年後の2005年、ナノパス33は量産に移行した。しかし、2005年に発売された商品と聞いて「おやっ?」と思った方も多いのではないだろうか?　2005年よりずっと以前から「痛くない注射針」という文句を知っていた方も多いと思う。

実は、これには理由がある。開発者の岡野氏がマスメディアや講演を通じて、開発に成功した時点で全国的に宣伝していたためである。

痛くない注射針は実現不可能だと思われていながらも、実現すればだれからも歓迎されることは明らかだった。しかし、なかには素晴らしさを認めつつも快く思わない人たちがいる。このような人たちが抵抗勢力としてテルモの前に立ちはだかることが、岡野氏には容易に想像できたのである。岡野氏はこう振り返る。

「『できっこない』って言われてたモノができちゃったりしたから、露骨に反対する奴がいるんだよな。俺もそれをずっと聞いてて、『あっ、これはよかねえ。もしかしたらつぶされちゃうな。つぶされたら大変だ』っていうことで言っちゃったの。本当はやっちゃいけないことなんだけど、つぶされるんだったら先に言っちゃおうと思ってテレビや新聞、雑誌に発表しちゃったわけ」

岡野氏は過去に何度も、抵抗勢力によってせっかくつくったモノがつぶされた経験をしてきたという。その経験から、痛くない注射針でも同様のことが起こると察したのである。経験に基づく岡野氏の危機回避能力が働いたのだ。

この結果、テルモは痛くない注射針を何が何でも販売しなくてはならなくなったが、岡野氏の宣伝活動にはもう1つ大きな意味があった。それは、痛くない注射針が市場に出た時点で圧倒的な優位を確保できるようにすることだった。こうなれば、抵抗勢力もただ黙って見ているしかなくなる。

岡野氏による積極的な宣伝活動は、特許とは違う形で発明を守ったようなものである。

1枚の金属板で鈴をつくる

岡野氏のポリシーは「人の真似は絶対にしない」。これは、「当たり前のことをやっても世の中からは認めてもらえない。人と違うことをやってはじめて脚光を浴びる」という考えに基づいている。

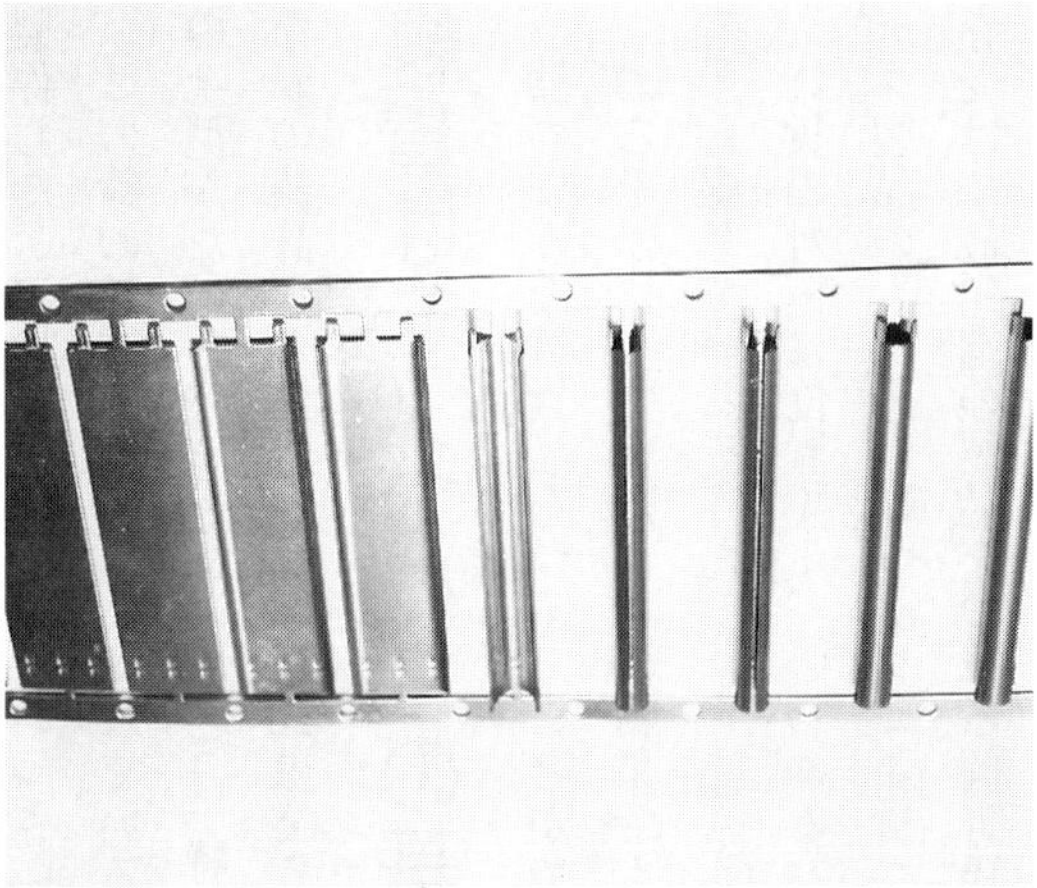

痛くない注射針がつくられる工程サンプル。一枚の金属板から筒型に成形されていく様子がわかる

このポリシーで仕事に臨んでいるから、岡野氏はこれまでも、従来の常識を覆す発想から不可能を可能にしてきた。痛くない注射針以外にも、代表的なものとして携帯電話やウォークマンの充電池ケースなど、他社ではつくれなかったモノが岡野氏の手によって実現したのである。

「人と違う発想で仕事に取り組むと大変だけどさ、うまくいき始めると仕事がドンドン面白くなってくるんだよ。それに仕事を一生懸命追っかけてると、お金が後からついてくるんだよな」と、岡野氏はどこまでもポジティブ。仕事が好き、ほかの人にはできないことをするのが楽しい、といった感じだ。

人と違うことをやり、これまでにさまざまなモノをつくってきた岡野氏だが、印象に残っているモノの1つに、いまから35年以上前に特許を取得した1枚の金属板からつくった鈴があるという。あるプレス加工メーカーから依頼されたもので、岡野氏が製造に必要な金型を設計・製作した。溶接した箇所などいっさいなく、金型内ですべて成形される。

この鈴の特許権はすでに切れている。しかし、未だにどこでもつくることができず、岡野氏の金型がないとできないそうだ。「特許権が切れても真似できないんだから、これこそ特許のなかの特許なんだよ」と岡野氏は笑う。

雑貨はモノづくりの基本

鈴のような雑貨品をつくることができないというのは意外な気がするが、これは雑貨づくりをおろそかにしてきたことの結果でもある。岡野氏も「最近の日本企業は雑貨を馬鹿にしている」と感じているそうだ。

雑貨の対極に位置する、いわゆるハイテク製品を分解し個別の要素単位で検証すると、ハイテク製品の大部分はローテク（雑貨）で構成されていることがわかる。しかし、大企業の依頼を受けて最先端の製品をつくる岡野氏からみれば、雑貨づくりを疎かにした大企業の姿が目につくのだろう。その姿勢が我慢ならないといった感じさえ受ける。

これに対し岡野工業は、雑貨を軽視せず、ひたすら雑貨の技術を磨いてきたという。その結果、これまで不可能とされたモノを次々と生み出した。「雑貨はモノづくりの基本だよ」と岡野氏は言う。未成熟のハイテク製品を成熟させるには、雑貨づくりを馬鹿にすることなくレベルの向上に努め高めなければならないのである。

これまで腕利きの職人としての顔がクローズアップされてきた岡野氏。職人としての心構え、モノづくりの考えのほか、他社とは一線を画す発想で独自の知的財産戦略も打ち出し、腕利きの経営者としての顔も覗かせた。技術・経営ともに理にかなう面が多々あり、思わず納得させられる点が多かったのが強く印象に残った。

そして最後に、職人・岡野雅行として豪快にこう言い放った。

「何年後かにノーベル賞を取るよ」

その根拠や詳細につては明言を避けたが、すでに開発に着手しているとのこと。今後が楽しみである。

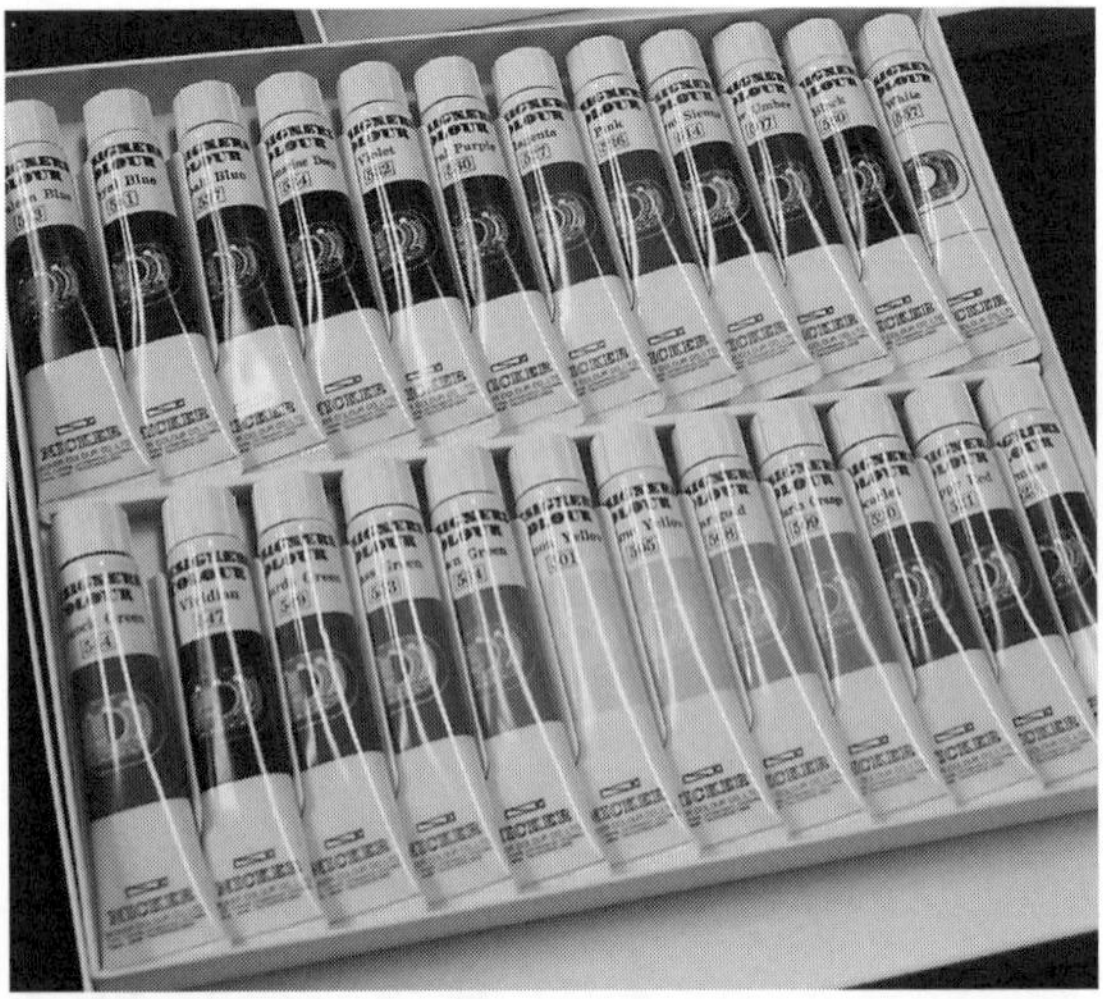

アニメ業界で不動の地位を確立

ニッカー絵具株式会社

世界で最もクオリティーが高いと評価されている日本のアニメ。その背景画を描くのに使用するポスターカラーにおいてクリエイターたちから絶大な支持を得ているドクソー企業がニッカー絵具である。

ニッカー絵具は1950（昭和25）年、日本化鉄工業の絵具部門が独立し、有限会社ニッカー絵具製造所として創業した。油絵具の材料でつくったポスターカラーや、日本ではじめて製造した不透明水彩絵具「ガッシュ」により、デザイン業界で広く支持される。その後アニメ業界にも普及し、業界内で不動の地位を確立。2007（平成19）年に現社名に変更した。

他社の追随を許さない秘密はどこにあるのか？それは、一度つくった色を色合いを変えることなく常につくり続ける、高レベルな絵具づくりにあった。

「ジャパニメーション」になくてはならない存在

日本が世界に誇る文化の1つにアニメーションがある。日本製アニメは「ジャパニメーション」と評されるほどで、クオリティーの高さは世界各地で開催される映画祭での受賞などで証明済みである。

かつてのアニメは、アニメーターが時間と労力をかけてセル画を一枚一枚手書きし、背景画と合わせて撮影することでつくられてきた。しかし現在のアニメは、CG（コンピュータ・グラフィックス）を多用して制作されている。制作のデジタル化は作品づくりを大きく効率化するが、その半面、手書きのような深みのある質感が出ない。そのため、背景に関しては深みを出すために、ポスターカラーを使い手書きで制作されるケースがかなり多い。

このような状況のアニメ業界で、背景画を描くのに使うポスターカラーで90％以上のシェアを持っているのがニッカー絵具である。ジャパニメーションを支える縁の下の力持ちのような存在だが、アニメ以外にもプロのデザイナーが使用するポスターカラー、水彩絵具、アクリル絵具を数多く製造している。

ニッカー絵具のポスターカラーがアニメ業界で支持されているのは、昭和30年代にテレビ局や東映などの映画会社で採用されたことに端を発している。色もよく、安くて塗りやすいという評判から、アニメ業界でも徐々に知名度が向上。アニメ制作会社は映画会社から独立したところが多いことから、使い慣れたニッカー絵具のポスターカラーが引き続き使用され、業界内で定着した。

それに加え、アニメ業界の色に対するこだわりがニッカー絵具の業界での地位を確立した。そのこだわりについて、取締役会長兼技術顧問の赤尾進一郎氏（取材時は代表取締役社長）は次のように語る。

「アニメ業界は自分が欲しい色をイメージし、複数の色を混ぜてつくります。そこに他のメーカーの絵具を混ぜると、イメージとは違ったものができてしまうことから、段々と私たちのポスターカラーに絞られていきました。そうしていくうちに、次世代にも私たちのポスターカラーが定着し、それがずっと続いていったのです」

90％以上のシェアを持つだけに、有名なアニメ制作会社での愛用者も多い。「もののけ姫」や「千と千尋の神隠し」「ゲド戦記」などでおなじみのスタジオジブリもその1つで、ニッカー絵具のポスターカラーは在庫を切らしたことがないという。アニメ制作会社にとってニッカー絵具のポスターカラーは置いてあって当たり前のようなもので、これこそが企業としての強みになっている。

アニメ業界に強いというイメージがあるニッカー絵具だが、売り上げの60％は学校関係だという。東京都内のテキスタイルやアニメ関係のデザイン専門学校のほぼすべてで採用されているほど。学校関係に大きな需要があることから、複数の色をかけ合わせた新色をつくることも多く、学生には新色が売れる。

「プロのデザイナーと違い、学生さんは混色して色をつくるのがうまくありません。学校でも時間がないため、この色は何色と何色をどれくらい混ぜてつくるか、ということまで教えていないようです。そのため、あらかじめ混色した新色に対する要望が多くあり、色が増えていきました」と言う赤尾氏。現在、ニッカー絵具でつくっている色は３００種類以上に上るという。

よい絵具はよい材料から

絵具には水彩絵具、油絵具、アクリル絵具があるが、いずれも顔料と接着剤を練り合わせてつくられる。違いは接着剤の種類で、水彩絵具にはアラビアガム、油絵具にはポピーオイルなどの植物性乾性油、アクリル絵具にはアクリルエマルジョンが使用される。

徳間書店スタジオジブリ美術部（当時）からニッカー絵具に寄贈された、映画「もののけ姫」で実際に使用された背景画（セル画添付）

水彩絵具に使用されるアラビアガムとは、アカシア科の樹木から採取される樹液で、主にチョコレートなどの菓子類のつなぎや、ジュースの乳化剤などとして利用されている。ニッカー絵具では、透明度が一番高いといわれているスーダン産を年間10ｔほど使用。絵具の品質を維持するために、細かい砂や木くず、不純物を手作業で取り除いて使用しているという。

ところが、アラビアガムは天然の樹木から採取するだけに、安定して確保するのが難しい。干ばつによる被害や内戦によって樹がなくなると、入荷がストップすることもあるというのだ。ひどい場合は1年から1年半程度入荷しないこともあるので、ニッカー絵具では常時、1年分は在庫として持ち対応するようにしている。

それに、供給が不安定なだけに、価格変動も大きい。通常は1kg500円程度だが、ここ最近は高騰する傾向にある。現在は1000円まで下がったものの、2007年度の一時期は1900円まで上がったほどだという。

いくら水彩絵具を製造するうえで必要とはいえ、入荷と価格が不安定なアラビアガムを使うのは、経営上のリスクが大きいように思える。代替品があればそれに越したことはないが、赤尾氏は「水彩絵具ではアラビアガムに代わるべきものがありません。われわれにとっては生命線なんです」と言う。

アラビアガムは水に溶かすと粘度が急激に落ちるという性質を持っており、この性質が筆の

透明度が高いスーダン産のアラビアガム（写真右）。顔料とアラビアガムを練り合わせ水彩絵具をつくる（写真左）

動きを良くする。しかし、アラビアガムの代わりに合成糊を使用すると、水に溶かしても粘度が落ちず、筆の動きが悪い。一筆で線を引き比較すると、アラビアガムを使った絵具はスーッと引けるのに対し、合成糊の絵具は途中でかすれてしまうほど。品質面での差が歴然としているのである。赤尾氏が生命線と言うのも納得がいく。

また、ニッカー絵具は顔料にもアラビアガムと同様に産地にこだわりを持っている。バントシェンナーという粘土を焼成してつくる無機顔料については、良質なバントシェンナーが採れるイギリスやフランス製のものを輸入し使用しているという。

良質の材料にこだわっていることもあり、原価に占める原材料費の割合は約60％に上る。これはひとえに良質な絵具づくりを追究している結果だが、赤尾氏は「良質な材料を選び使わないと、他社にはない個性が出ません」とも言う。良質な材料は、良質な絵具づくりと他社との差別化を図る個性づくりに欠かせないのである。

赤尾進一郎氏

顔料のブレンドに隠された絵具づくりのノウハウ

「常に一定の色を提供すること」。赤尾氏はニッカー絵具の使命をこのように表現する。

絵具は顔料と接着剤を練り合わせてつくるので、素人目からすると同じ色を再現することはそれほど難しいことには思えないかもしれないが、実は思った以上に難しいことだという。それは、いくら良質な材料を使用しても、材料の組成にはバラツキがあるためである。

しかも、単一の顔料だけでつくられる色は少なく、ほとんどが深みを出すために複数の顔料をブレンドしてつくられる。そのため、同じ色を再現するには、顔料の状態に合わせてブレンド方法に工夫を加えなくてはならない。顔料のブレンドにはノウハウが要求されるのである。

顔料のブレンドに関するノウハウはアラビアガム同様、絵具づくりの生命線であり、何物にも代え難い財産である。ニッカー絵具に限らず絵具メーカー各社は、顔料のブレンドに関するノウハウを蓄積しているが、ノウハウの違いは色合いの差になって表れる。比べてみればわかるが、同じ色名でもニッカー絵具の絵具と他社の絵具では色合いが微妙に異なる。他社との違いを鮮明に打ち出すためにも、ブレンドにノウハウを必要とするのだ。

この色合いの違いがメーカーの個性となるが、赤尾氏はこうも強調する。

「他社とまったく同じ色は、絵具メーカーとしてのプライドが許さないんです」

デザインのプロが使う絵具をつくるからこそ、色に対するこだわりには並々ならぬものがある。

他社との違いは色合いだけでなく色のネーミングにも表れる。実は、絵具の色名はＪＩＳ（日本工業規格）で定められた色以外はメーカーの自由裁量で命名することができる。ニッカー絵具で製造する絵具のなかには、新橋芸者に由来を持つ「シンバシ」のような、聞いただけでは色がイメージできないものもあるほどだ。

職人技が支える絵具づくり

よい材料とブレンドのノウハウとともに重要なのが、独自の規格と経験である。独自規格については３００種類以上ある色すべてに基本となる色見本が設けられており、これを基に色差や粗さを検査するのに活用されている。

経験を重要視する最大の理由は、色を見極めるためである。色差計を用いれば違いを数値で示すことができるものの、どの顔料がどれだけ足りないかまではわからない。仮に赤が足りないとわかっても、赤色の顔料だけで何種類もある。数ある赤色の顔料のなかから何を、どれだけ追加すればいいのかという判断は、色差計ではできないというのだ。

「この顔料をこれだけ混ぜれば同じ色になる、という判断は人間にしかできません。慣れた人であれば早く判断できますし、修正も素早いです。人間は素晴らしい能力を持っています」とは赤尾氏。見本との色差を見極め、どの顔料をどれだけ追加すればよいのかという判断ができるようになるには、30年前後の経験を要するという。

ニッカー絵具の生命線とも言うべき色調見本の保管棚

また、使用する顔料に合わせた練り方や、最適な練り具合の判断にも経験を要する。これらの作業は一部マニュアル化されているものの、実際は現場で見ながら判断し臨機応変に対応することが求められる。ここで物を言うのが経験である。

赤尾氏は「大したことはやっていないですよ」

JR取手駅 高架下に描かれた壁画　制作：取手市役所および東京芸術大学（作者代表：住　康平氏）と市民多数の応援

と言うが、常に同じ色の絵具をつくり続けるには経験に裏打ちされた熟練技能やノウハウが不可欠なのは明白。言い換えれば、絵具づくりは高度な職人技によって支えられているのである。

壁画に対する期待

現在、ニッカー絵具が力を入れているのが壁画制作への協力である。実際に絵を描くのは美大の学生や地域の小中学生だが、ニッカー絵具は絵が描かれる現場に社員が出向き、壁面の掃除や下地剤の塗布といった養生作業のほか、壁画用の特殊なアクリル絵具の提供や絵具の調合、完成した壁画への落書き防止コーティング剤の塗布について指導する。

赤尾氏によれば、現在はちょっとした壁画ブーム。2003年に茨城県取手市から始まり、地域振興や落書き防止、市民参加イベントの一環として、2005年から徐々に依頼が増えてきたという。

学校関係の事業が少子化による生徒数減少により、今後大きな期待が持てないことから、赤尾氏は「壁画関係の事業を伸ばしていきたい」と抱負を語る。しかし壁画制作への協力は絵具づくりの片手間ではできないので、このまま順調に伸びていけば新たに会社を設立して対応していきたいという。

水性ポスターカラーへの夢

ニッカー絵具では住宅メーカーからの依頼で木材と同じ色のポスターカラーを開発し、現在OEMで供給している。このポスターカラーは傷のついた木材を大工が補修する目的で使用される特殊なもの。施工現場での作業性を考慮してノック式のペンにし、かけ合わせも可能だ。

赤尾氏は、木材補修用ポスターカラーの開発は力が入ったという。なぜなら、先々代社長の伊藤晃氏が開発にチャレンジしたものの、難易度が高く断念した水性ポスターカラーの開発に通じるところがあるからである。

水性ポスターカラーのメリットは、水を混ぜなくても使用することができる点にある。完成すれば使いやすくなるのは間違いないが、「ところが、これが難しいんですよ」と赤尾氏は言う。

なぜなら、顔料には比重があるため、沈ませずに長期間安定させるのが至難の技だからである。ある程度のところまではできたものの、2年や3年もの間維持するまでには至っていない。顔料を浮かせるために副産物を入れ過ぎると、描きづらくなるという。

顔料の長期安定性と描き味の両立。この2つの問題が水性ポスターカラーの開発に立ちはだかったのである。それに、デザインに使う以上、混色できることも条件になる。

赤尾氏によれば、水性ポスターカラーは顔料の長期安定性という観点から、筆ではなくノック式ペンで使うことをイメージしいているという。つまり、木材補修用ポスターカラーと同じで、その技術を応用すれば実現する可能性があるのだ。

先々代社長が成し得なかった水性ポスターカラーの開発は赤尾氏に引き継がれた夢である。「これは個人の趣味ですよ」と赤尾氏は笑いながら言うが、同時に「いつか必ず完成させたい」と意気込む。

ヘラ絞り加工を究め続ける職人集団

株式会社北嶋絞製作所

塑性加工のなかでもなじみが薄いヘラ絞り加工。この加工技術を究め、確固たる地位を築いているドクソー企業が北嶋絞製作所である。

北嶋絞は1947（昭和22）年、東京都大田区千鳥で北嶋製作所として創業。1953年に有限会社にし、1970年に株式会社に改組、現社名にする。創業当初は鍋やフライパン、ケトルなど家庭器物の製造を主力としていたが、現在は主に加工が難しいハイテク分野の部品製造を行っている。2006（平成18）年には経済産業省より「明日の日本を支える元気なモノ作り中小企業300社」に選ばれ表彰された。

大小さまざまな幅広いモノをつくる職人集団のもとには、他社ではできないとされた難しい加工品の依頼が、今日も舞い込んでくる。

ハイテクを支える職人の手仕事

日本有数の中小零細企業の集積地として名高い東京都大田区。しかし、景気の影響や後継者難などにより廃業が進み、事業所数が減少している。一時の活気が失われた現在、高い技術力とクオリティーを持つ企業しか生き残れなくなった。

東京の空の玄関、羽田空港に近い京浜島にある北嶋絞製作所（以下、北嶋絞）は、高い技術力とクオリティーを持ち、厳しい環境を生き残っている企業の一つである。北嶋絞はヘラ絞りやプレス絞りなどを主力とする金属加工メーカー。ヘラ絞り加工で名を馳せ、現在はイベントでの実演や学校からの工場見学の依頼が引きも切らないほか、小泉純一郎元首相や外国からの国賓なども数多く訪れ、技術力を内外に広くアピールしている。小泉元首相は実際にヘラ絞り加工を体験し、非常に喜んだほどだという。

北嶋絞がヘラ絞り加工でつくるのは、半導体製造装置や原子力発電設備、航空機の部品といったハイテク機器のほか、大型パラボラアンテナの反射器や照明器具の反射板、装飾品、欄干の柱の頭を飾る擬宝珠《ぎぼし》など多岐にわたる。国産ロケット「H2」を打ち上げる補助ロケットの先端部も、北嶋絞の手によるものだ。しかも、これらのほとんどが職人による手作業でつくられているというから、驚くよりほかない。

機械に勝る人間の精度

北嶋絞が得意とするヘラ絞り加工とは、金属の円板をヘラと呼ばれる金属棒の工具で型に押し付けて成形する金属加工法である。オス型だけあれば成形できるため、プレス絞りに比べて型代を安く抑えられるというメリットがある。ルーツははっきりしないものの、すでに中世のヨーロッパでは行われていたと言われている。

工場で小皿のヘラ絞り加工を見せてもらった。まず、ろくろと呼ばれる旋盤を改良した加工機に皿の型と円板を取り付け、一緒に回転させる。次にテコの原理を応用し、ヘラを動かしながら円板を型に押し付けていく。すると、円板は中央から外に向かって型に沿いながら皿に成形されていった。硬いはずの金属がまるで柔らかい別の素材のように、みるみるうちに皿に変わっていく様を見たことで、モノづくりの面白さ、楽しさ、醍醐味が体感できた。

この様子だけを聞くと、ヘラ絞り加工は簡単そうに思えるかもしれないが、職人は加工中、体の重心を細かく移動させたり、円板にヘラを当てる角度や力加減を微妙に変えていた。代表取締役の北嶋實氏は「ヘラ絞り加工は簡単そうに見えるかもしれませんが、実は型通りに成形するのが難しい加工法です」と語る。

もっとも、ヘラ絞り加工のすべてが職人の手作業によって行われているわけではない。北嶋絞ではＮＣ（数値制御）自動ヘラ絞り機も導入しており、機械によるヘラ絞り加工も行っている。しかし、機械を使用する割合はヘラ絞り加工全体の20％程度で、圧倒的に手作業のほうが多い。

北嶋氏は「ここ一番というときは、機械より人間のほうが精度が勝ります」と強調する。

北嶋　實氏

機械でヘラ絞り加工を行う場合、まずＮＣ装置に動作をプログラミングしないと加工に着手できない。ＮＣ装置への動作のプログラミングは時間がかかるが、これに加え材料の精度や加工条件も整える必要がある。そうしないと、図面が要求する精度とは異なるモノになってしまうからだ。つまり、機械を使って図面通りにつくるには、条件を完璧に整えなければならないのである。

これに対し人間が手作業でつくる場合は、仮に材料の精度に問題があっても瞬時に判断して柔軟に対処できるほか、部分的に微修正が必要だと判断しても柔軟に対応することが可能である。同じことを機械にさせるとなれば、その都度NC装置をプログラミングするという手間が発生するが、人間の手作業であればこの手間は不要となる。

機械と人間の手作業には、これほどまでに大きな違いがある。この違いから北嶋氏は「それなりの職人であれば、手作業のほうが速く、最初から良品ができます」と言う。

他社ではできない難しい依頼を実現する

北嶋絞がヘラ絞り加工で名を馳せた最大の要因は、技術の蓄積を怠らなかったことにある。たとえ技術的に困難な依頼であっても、これまで断ったことはないという。その結果、普通鋼やアルミ、ステンレス、銅、真鍮《ちゅう》といった一般的な鋼材のみならず、チタンやタングステン、モリブデン、ニッケルなどといった特殊な鋼材まで対応できるようになり、金属であればほぼ何でもヘラ絞り加工ができるまでになった。

北嶋絞には、他社ではできないので何とかしてほしいといった依頼が多く舞い込んでくるという。もし、北嶋絞が「できない」と言って依頼を断ってしまったら、依頼主は行き場をなくし、途方に暮れることになる。他社ではできないからきている依頼であるため、断りにくい面はあるものの、北嶋絞ではそれ以上に、仕事の依頼は願ってもない勉強の機会と捉えているのである。

ろくろと呼ばれる加工機の回転部に金属の円板を挟み、ヘラを押し当てる。呼吸を整え集中し、ムダのない動作で一気に加工を終える様は、まるで居合い抜きのようだ

「お客さまからそこそこの値段をいただいたつもりでも、結果的にはとんでもない大赤字になることもあります。授業料を払って勉強させていただくようなものですが、この経験は必ず何年、何十年後かに生きてきます」と語る北嶋氏。商売上の損得を抜きにしてチャレンジし続け、結果を出してきたことが、新たな依頼を呼び込むことにつながっているのである。現状維持が遅れを意味する現在、生き残っていくには前向きに勉強することが必須条件なのだ。

なかには、原子力発電所で用いる粉末缶容器のように、あまりにも困難なため一度は失敗したものの、時間をかけて技術力を高めていたったことで後に成功させた例もある。

粉末缶容器は原発から出る使用済みの廃棄

直径２ｍあまりのパラボラアンテナのヘラ絞り加工も手作業で行う

物を貯蔵するための特殊な容器で、首の部分の肉厚を他の部分に比べて厚くしているという特徴を持っている。この特徴が加工を難しくしていた。

「いまから30年近く前に、あるメーカーから粉末缶容器の試作依頼があったのですが、九分九厘までできたものの、機械のパワーと技術が足りずに完成させることができませんでした。その後、別のメーカーから粉末缶容器の依頼があったのですが、機械のパワーが上がり技術力も向上したので引き受け、１０００個ほどつくらせていただきました。失敗した過去の経験が生かせたからこそ、後に完成させることができたのです」

北嶋氏は粉末缶容器の製造をこう振り返る。失敗しても失敗のまま終わらせずノウハウとして蓄積し生かしたことが、成功につながったのである。

これまでの姿勢と実績が評価され、北嶋絞では材料費が上がっても、その分の価格値上げが依頼主に認められるという。これが認められるのも、「北嶋絞なら何とかしてもらえる」という信用力があってこそ。常に難しい依頼に前向きにチャレンジし、技術を蓄積し続けた結果の賜物以外何物でもない。

自分たちと依頼主が納得する品質の追求

北嶋絞のモノづくりの方針は「短納期」と「価格が高くても、価格に見合った品質でつくる」の2点。「安かろう悪かろうではなく、自分たちが納得し、お客さまにも納得いただける品質の製品をつくります」と北嶋氏は語る。

北嶋絞が納得し、依頼主が要求する精度のモノをつくるにあたっては、そのために最良の加工法を検討することから始まる。手作業か機械絞りかという単純な結論だけではなく、手作業と機械絞りの複合、あるいはヘラ絞りとプレス絞りの複合といった複合加工を駆使して要求精度を満たすこともある。

しかし、要求精度を満たすだけでは済まないときもある。それは、要求精度が厳しいモノや特殊な形状のモノを加工するときで、それらを加工するときは必ず、何に使用されるかを確認したうえで、必要に応じて熱処理なども施す。これは、納品後のトラブルを避けるためであり、そのモノが使用される製品の精度を担保することそのもの。これができるのも、技術を蓄積してきたからにほかならない。

一流の職人に求められる3つの適性

中小零細企業の多くが抱える悩みの一つに、社員の採用がある。募集してもなかなか人が集まらなくて困っている会社は多いことだろう。北嶋絞でも長らくこうした状態が続いていたが、会社の知名度が向上するとともに、徐々にだが職人を志す若者が北嶋絞の門を叩くようになってきた。

一流の職人になるためには器用さだけでなく
判断力と決断力も要求される

北嶋絞では図面を渡して安心してヘラ絞り加工を任せられる職人に成長するには、最低でも10年はかかるという。しかし、ヘラ絞り加工の職人を目指し、晴れて北嶋絞の一員になっても、なかには職人には向かない人材もいる。一生懸命仕事に取り組んでも適性がなければ、本人、会社ともにつらいという感情しか残らない。やはり適性を備えている必要がある。

北嶋氏は「ヘラ絞り加工の職人には器用さは必要不可欠で、判断力と決断力も要求されます」と明言する。適性として器用さのほか判断力や決断力も要求されるのは、経験したことを応用して未経験のことを理解し、仕事の結果を予測できる力が必要なためだ。こうした適性を持ったうえで技術の習得に時間をかけて励むことで、一流のヘラ絞り職人への扉は開かれる。

職人としての適性を満たした若者を一流に育てるうえでは、何よりも基本を徹底させる。毎日が新しい仕事への挑戦である以上、どんな一流の職人でも必ず壁にあたるので、基本は疎かにできない。壁にあたったときほど基本に立ち返る必要があるので、基本の徹底には手間をかけるのである。

現在、北嶋絞でヘラ絞り加工ができる職人は十数名。平均年齢は30歳ほどだという。

道具に横着したらいいモノはできない

また、北嶋絞では基本的に、職人が使用するヘラや外周を粗取りする手バイトと呼ばれる工具を社内で自作する。ヘラは職人の体格や好み、用途に合わせてつくられ、一人あたり20本程度は持っているという。一流の職人になると、ほとんど自分でつくってしまうことができるというから、ヘラがつくれることも一流の証となる。

ヘラや手バイトの自作にこだわるのは、モノを大事に扱ってもらうようにするため。自作することで、職人としては失いたくない「自分でつくることの大切さ」を守るのである。調達すれば安上がりだが、あえてコストのかかる自作を残すことで、職人としての心構えを伝承しようとしているのだ。「職人たる者、道具に横着したのではいいモノはできません」と北嶋氏は言う。

いままでにない独自の自動絞り機の開発

北嶋絞では現在、いままでにない独自の自動絞り機の開発を検討している。検討している機械はNC機であり、従来のものよりパワフルで加工能力が数段優れ、一度に複数点から加工できるというもの。2、3年以内には完成させる考えだという。

独自の自動絞り機の開発は、現在の機械では対応に苦しむときがあること、他社との差別化を狙う、という2つの理由から取り組まれるものである。いままで経験したことがないほど難しい依頼がきても対応できるようにするために早めに投資し、新たな仕事を呼び込むためのアピールに役立てる。

設計は基本的に北嶋絞で行うが、特殊な部品やNC装置は外部から調達し、場合によっては他社と連携しながら開発を進めていく。日本にも自動絞り機を開発する機械メーカーはあるものの、年々規模を縮小しているのが実態。このような背景も、独自開発を意識させる遠因となっている。

また、この自動絞り機の開発を機に、北嶋絞では知的財産を保護する機運が高まる気配を見せている。創業時からこれまで、依頼に基づいた加工が主であるため、北嶋絞では特許などをいっさい取得してこなかった。しかし、自社で使用する生産設備とはいえ、いままでにない独自の機械となれば話は別。これをきっかけに、知財に対する意識が変わるかもしれないのだ。

「需要は別にして、金属がある限りヘラ絞り加工の仕事はなくならないとは思います。でも、それは私たちの努力次第です」と語る北嶋氏。新型の自動絞り機の開発と知的財産への関心は、今後も続く厳しい競争の中で生き残っていくための力強い決意にほかならない。

電子顕微鏡の心臓部で国内シェア100%

株式会社大和テクノシステムズ

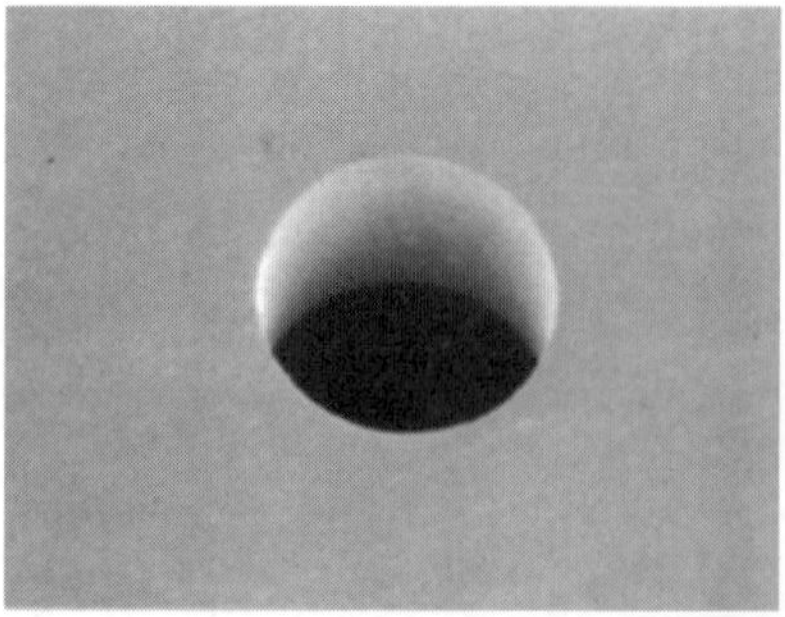
仕上げ加工後

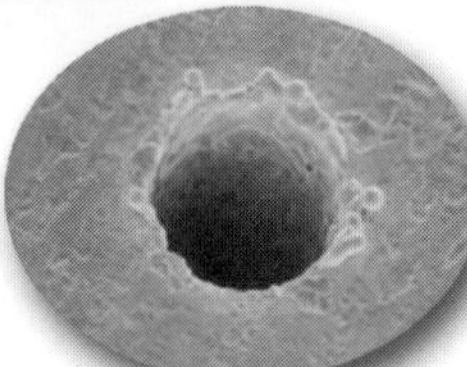
放電加工直後

最新技術の開発に不可欠な電子顕微鏡。その心臓部ともいえる2つの部品において、日本国内で100%、世界でも70%のシェアを誇るドクソー企業が大和テクノシステムズである。

大和テクノシステムズは1967（昭和42）年、東京都港区に大和電子工業として創業。1983年、東京都町田市に移転した。1994（平成6）年、現社名に変更、現在に至る。

積極果敢な経営姿勢が評価され、2006年5月に町田商工会議所の「まちだ経営革新大賞」の大賞、同年10月に東京商工会議所の「勇気ある経営大賞」優秀賞を受賞した。挑戦に次ぐ挑戦で、下請け企業から世界制覇を視野に入れる企業にまでに成長した軌跡は、多くの中小企業の参考になるはずだろう。

六畳一間からのスタート

半導体の検査や最新のナノテクノロジー、バイオテクノロジーの研究に欠かせない電子顕微鏡。日本製の電子顕微鏡は世界で70％のシェアを持つといわれている。

電子顕微鏡の心臓部に当たるのが、電子ビームを放出するフィラメントと、電子ビームを絞り込むアパーチャープレートである。実は、日本製の電子顕微鏡に搭載されているこれら2つの部品はすべて、大和テクノシステムズ（以下、大和テクノ）が製造・供給している。これらの分野で国内100％、世界70％のシェアを誇る隠れた世界トップ企業である。

大和テクノの創業は1967（昭和42）年。先代社長が電子顕微鏡用フィラメントのメーカーとして興した。当時、日本の電子顕微鏡メーカー各社は、フィラメントの内製から外部調達への切り替えを進めていたときで、チャンスをうまく捉えての起業であった。

代表取締役の佐藤洋氏は「創業当時は六畳一間にスポット溶接機が1台あるだけで、家内工業でしたよ。買ってきた碍子にタングステンを溶接し、ステムに組み付けて納めていました」と振り返る。

大和テクノでは、品質を向上させながら各社の電子顕微鏡に合ったフィラメントを製造し、取引先からの信頼を勝ち得た。そうすることで、電子顕微鏡向けフィラメントの国内シェア

100％を達成すると同時に、フィラメント以外の部品の開発依頼も舞い込むようになった。アパーチャープレートもその1つである。

「世界最小」直径3μmの穴

アパーチャープレートとは金属板に穴を開けたもので、フィラメント先端から放射された電子ビームの拡散を抑えビームを集束させるために用いられる。穴が小さければ小さいほど、電子ビームの密度が高くなり、効率よく一点に集約される。その結果、観察試料を鮮明に映し出すことができるようになる。

大和テクノで開けることができる最小の穴は直径3μm。アパーチャープレートの穴としては世界最小サイズである。さらに、より小さな直径2μmや1μmの穴開けも現在開発中だという。

しかし、ここまで到達するまでには大手企業との熾烈な競争があった。

1997（平成9）年当時、大和テクノが開けることができた最小の穴は直径20μmで、エッチング加工で開けていた。ところが、ある大手企業がアパーチャープレートの加工に新規参入し、機械加工で20μmより小さい穴を開けたのである。

今後、微細加工がますます求められていくと判断した大和テクノは、「このままではいずれ衰退する」という危機感を強めた。そこで、より小さな穴を開ける技術開発に取り組むことに

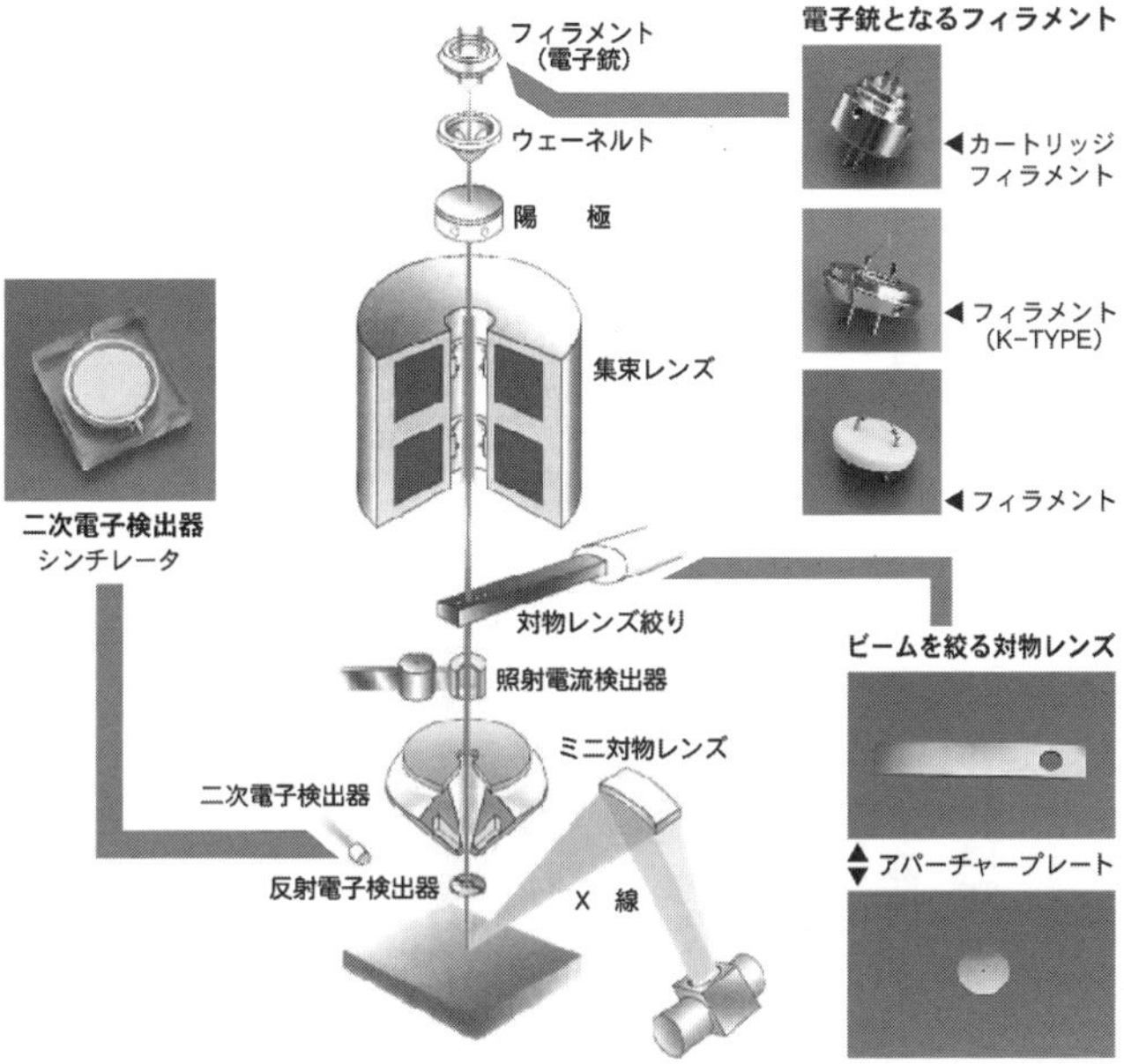

電子顕微鏡の構成

したのである。「技術革新が進み電子顕微鏡が高性能になるのに伴い、高度な技術が要求されるニーズがどんどん来たのですが、当時は特許も取っていない従来型の部品しか手がけていなかったので対応できませんでした。4、5年悔しい思いをしましたよ」と佐藤氏は語る。

大和テクノが新たな加工技術を模索するなかでたどり着いたのが、精密放電加工技術だった。東北大学の協力を得ながら、従来のものより微細な穴を開けることができる放電加工機を自社開発、1999年に20μmより小さな穴を開けた。執念から始まった果敢な挑戦が、見事に実を結んだ。

だが、ある企業が、大和テクノが開発したものより優れた放電加工機を販売しているのを知ると、すぐさまその機械を1台購入した。その放電加工機は1台2500万円もするもので、大和テクノにとってはとてつもない投資案件だったが、購入すれば何とかなるという思いから購入を決断したという。

大和テクノでは、この放電加工機のパラメータなどを徹底的に改良し、2001年に直径3μmの穴を開けることに成功した。

佐藤　洋氏

この成功から、大手企業との技術競争は大和テクノの圧勝に終わった。その後、価格が高かったその大手企業はアパーチャープレートの加工から撤退し、大和テクノに注文がシフトするようになったのである。「これでわれわれは勝ったと思った」と佐藤氏が言うだけあり、会心の勝利であった。

“究極の”オスミウムコート

しかしながら、直径3㎛の穴を開けるのは容易ではないものの、技術さえあれば誰でも開けることができる。大切なことは、電子顕微鏡のアパーチャープレートは小さな穴をさらにきれいに仕上げること。そこで勝敗が決まるのである。

放電加工機で穴開け加工をすると、穴の内壁にゴミ（レジスト）が付着したり、周辺にバリが発生する（170ページ写真下）。ところが、これらを放置しておくと電子顕微鏡はチャージアップ（帯電）を起こし分解能が低下、鮮明な画像が得られなくなる。

そこで大和テクノは、ゴミやバリをなくすために独自のクリーニング技術を開発した。

驚いたことに、クリーニング作業は一つひとつ、手作業で行うという。しかも、電子顕微鏡で一つひとつ検査を行い、納品時には電子顕微鏡で拡大した写真を添付して品質を保証するという念の入れようだ（170ページ写真上）。

また、精密微細加工にとって大敵ともいえる振動についても、対策にぬかりはない。一連の工程を担当する本社は、2002年に社屋を改築した際、地盤を30m掘り下げ、そこに直径1・9mの杭を20本打ち込んで外部から振動が伝わらないようにした。

その一方で大和テクノは、将来現れるであろうライバルを見据え、さらなる付加価値づくりに取り組んだ。それは、アパーチャープレートの表面と微細な穴の内壁にオスミウムという特殊な金属をコーティングするというものである。

電子顕微鏡で試料、とくに生物試料を観察するとき、以前は電子線から試料を保護するために試料に白金をコーティングしていた。これに対しオスミウムは、白金より融点が高く、非晶質（アモルファス）で結晶粒がない。そのため、試料にコーティングすると電子ビームから生物試料を保護するほか、映像にも干渉しないため鮮明な映像を得られる。

電子顕微鏡のユーザーの間では、試料へのオスミウムのコーティングがブームになっていた。

この現象から大和テクノは、融点が高いというオスミウムの特性に着目。アパーチャープレートにオスミウムをコーティングし、チャージアップを起きにくくした。これは世界初の試みで、新規独自技術の確立であった。

電子顕微鏡は使い続けると、電子ビームの熱でアパーチャープレートが汚れてしまうので、分解能を維持するために必ずメンテナンスしなければならない。しかし、融点の高いオスミウムをコーティングすることで、メンテナンスの回数を減らすことができ、メンテナンスコストの削減を可能にした。

「オスミウムをコーティングするとイニシャルコストは上がりますが、メンテナンス間隔を長くすることができるので、トータルで見ればコストは下がります。だから〝究極の〟を謳い文句にしています」とは佐藤氏の弁。従来のアパーチャープレートは年に3回程度のメンテナンスを必要としたのに対し、オスミウムをコーティングすれば年に1回、メンテナンスするかどうかだという。

アパーチャープレートの穴開け作業を行う放電加工機。一台2500万円するという

オスミウムをコーティングしたアパーチャープレートは、大和テクノ初のプライベートブランド商品で、日本と米国で特許を取得した。２００７年には、オスミウムをコーティングする特殊なＣＶＤ（化学気相成長法）プラズマ装置でも特許を取得している。

「われわれの業界では、来るはずの注文がいきなり他社に流れる転注があります。転注させないために品質、価格、納期で信用を守り、そのうえで特許を取得したとなると、技術力も認めてもらえるので、大手メーカーの心理を『大和のパーツは代えが利かない』とさせることができるのです」

特許を取得したことの効果を、佐藤氏はこう表現する。

依頼は絶対断らない

大和テクノでは、技術的に困難な依頼がきても絶対に断らないという。「たとえ技術がなくても、外注先や仲間、専門家に相談すれば何とかなるんです。一生懸命やってできなくても、取引先はその姿勢を評価します。最初から『できません』なんて言うのは、職人気質の一介の下請けにすぎません」と佐藤氏は断言する。依頼を断らない姿勢が高度な技術の蓄積を促し、取引先からの高い信頼も獲得した。

技術開発を担うのは、平均年齢28・5歳の理系の学卒・院卒の若い社員たちである。彼らは入社早々から、開発の全工程に携わり、最新鋭の設備を使用する機会にも恵まれている。「職場は道場」と佐藤氏が言うだけあり、仕事は厳しいが、若いうちから大きな仕事を任されるためモチベーションが高く、取り組みも意欲的である。

もっとも、職場という道場で鍛えられるのは、技術力だけではない。礼儀や挨拶の基本の徹底に始まり、プロとして食べていくための気概も体得させる。「私は電話応対や口の聞き方、すべてにうるさいですよ。大企業の組織と戦うので、中小企業の奴らと見られたくないからです。ましてや、高い技術力を持つ商品を開発・製造しているのであれば、社員もそれと同じレベルにならなきゃならないのは当然のことです」と佐藤氏は言う。

積極的な広告宣伝で営業力を強化

一方、技術とともに経営の両輪をなす営業にも、理系の人材を配置している。技術を理解しているため、取引先が抱えている技術的な課題を汲み取り的確に技術開発部門にフィードバックできるほか、おおよその見積りも即答できるので、取引先から迅速なレスポンスが高く評価されているという。

営業力強化のために大和テクノが積極的に取り組んでいるのが広告宣伝である。日本電子顕微鏡学会や応用物理学会などが発行する学会誌に定期的にカラー広告を出稿しているほか、カタログづくりや展示会への出展や、ホームページなど、あらゆる手を駆使して会社のアピールに努めている。

当初はカタログをつくるのでさえ、「なんでフィラメント屋がカタログなんかつくるんだ」というような目で見られた時期もあったという。しかし、会社のことを知ってもらうために必死だった大和テクノは、そんな外部の目に対し遠慮などしなかった。

その甲斐もあり、業界内では一目置かれる存在となり、依頼が舞い込み続けた。それを断ることなく対応したことで、下請け企業からプライベートブランドを持つ企業に成長したのだ。

技術力と営業力の強化に全精力を傾けてきた佐藤氏には、「アグレッシブ」という言葉がよく似合う。過去には何度も悔しい思いをしてきたが、そんな状況にもめげず、悔しさをバネにその都度、巻き返しを図ってきた。

成長への執念を持ち、失敗を恐れず挑戦し続けたことが、現在の大和テクノをつくった。だから佐藤氏は、後ろ向きな姿勢の中小企業に苦言を呈す。

「技術を持っていても販売する方法がわからないという中小企業の話をよく聞きますが、商工会議所や中小企業振興公社など味方はたくさんいます。受け身ではなく、そういうところをうまく活用しないと。お金がかかるからできない、お金を貸してくれないからできない、といった否定的な考えでは何にもできません。きちんとした事業計画書を出し説明さえすれば、銀行だって融資してくれますよ。それさえしないところがあるから不思議でしょうがない」

目標は世界制覇

ただ図面通りにつくる下請け企業から脱し、プライベートブランドを持つまでに成長した大和テクノ。会社の成長に対し手応えを得ているのは、ほかならぬ佐藤氏だろう。

だが、ここで立ち止まらず、さらなる成長を目指す大和テクノの挑戦は、これからも続く。新たな目標として、2010年の店頭公開と世界制覇を金融機関など各方面に公言。目標完遂の意思表示として、佐藤氏は2006年4月から髭を生やし始めた。

特許の取得も、世界制覇に向けた足場固めの1つであった。特許はブランドの保護、取引先に対する信頼、企業として自立するための武器のほか、「世界制覇のために必要なもの」と佐藤氏は言い切る。

世界制覇という野望は大言壮語に聞こえるかもしれないが、達成に向け明るい兆しが見えつつある。オランダのフィリップスが製造する電子顕微鏡の一部にも、大和テクノの部品が使われ始めたのである。

日本製が世界シェアの70％を占める電子顕微鏡の世界にあって、フィリップスは残り25％を占めている。フィリップスでの採用は、まだ少量にとどまっているが、「消耗品ですからロットで注文をもらいたい。でも相手はなかなか手ごわいです」と佐藤氏は気を引き締める。

高い技術力と佐藤氏の強い決意があれば、世界制覇はそう遠くない将来に達成するかもしれない。

マイクロパーツの開発を究める技術の剣豪

株式会社樹研工業

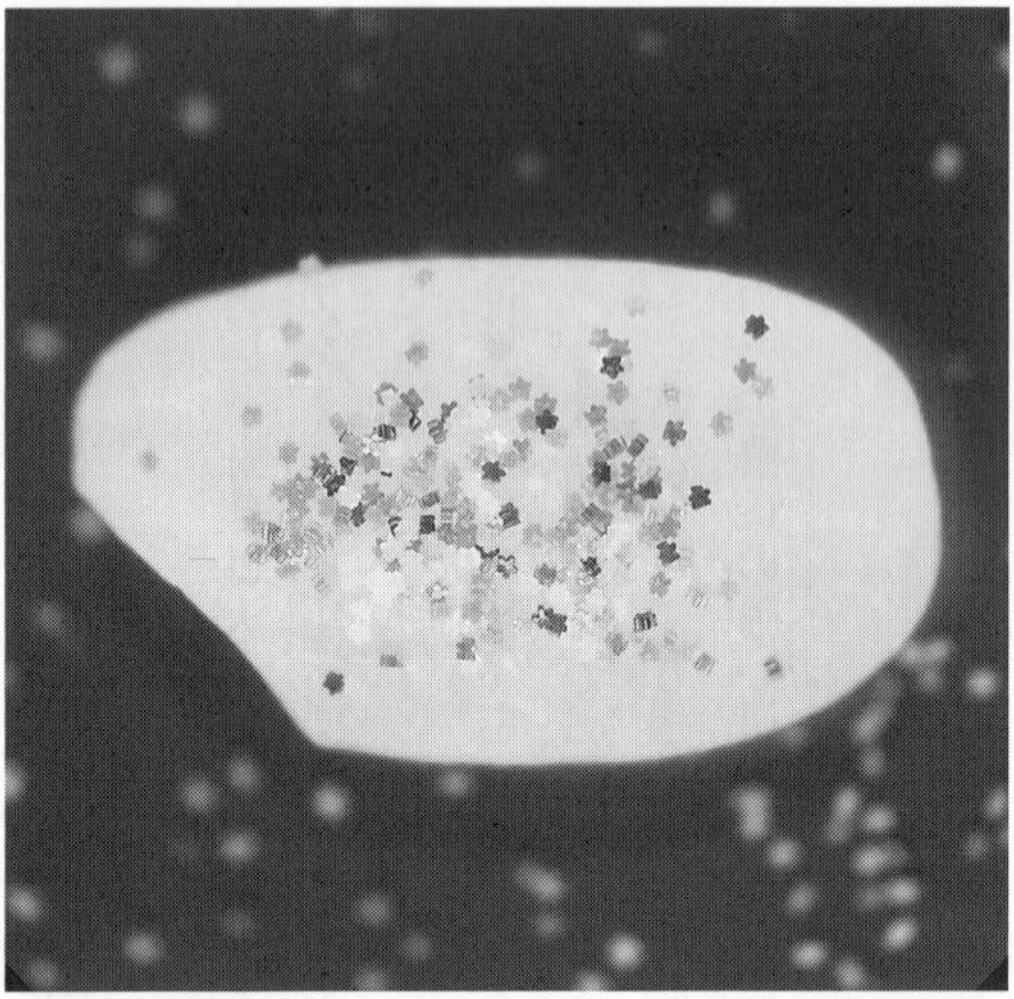

1965（昭和40）年に創業した樹研工業はマイクロパーツのドクソー企業だ。マイクロパーツの開発が始まったのはオイルショックが起こった1973年。将来の技術はマイクロ化が主流になると考えたうえでの取り組みだった。

100分の1gを皮切りに技術開発に時間を費やすことで1万分の1g、10万分の1gを達成した樹研工業は2002年、100万分の1gの歯車を発表する。このとき、日本はおろか世界各国に技術力をアピールし、産業界に大きな衝撃を与えたのは記憶に新しいところだろう。

あれから6年。樹研工業はいま、何を開発しているのか。100万分の1gの歯車のその後に迫ってみると同時に、樹研工業の技術開発の源を探ってみた。

100万分の1gの歯車の衝撃

直径0・147㎜、幅0・08㎜、重量100万分の1g。これは、2002（平成14）年に樹研工業が発表した世界最小の超極小歯車のスペックである。肉眼では到底、形状を認識することはできないこの歯車は、発表当時「100万分の1の歯車」として大きな注目を集めたので、記憶に残っている方も多いことだろう。

「パウダーギア」と呼ばれているこの歯車は、肉眼では捉えられないほど極小だが、きちんと仕事もできる。顕微鏡でしか見られない5枚の歯で、250の歯数を持つ大きな金属インナーギアを回し続けることができる。だが、発表から6年経った現在でも、「用途は見つからない」と代表取締役の松浦元男氏は笑いながら語る。

100万分の1gの歯車をつくった樹研工業は1965（昭和40）年に設立された。松浦氏がそれまで勤めていた会社を辞め、個人事業として樹脂部品をつくりだしたのがはじまりである。樹脂製マイクロパーツの製造のほか、グループで金型や射出成形機なども製造・販売している。

技術力をアピールすることの重要性

樹研工業にとって100万分の1gの歯車をつくることは、精密加工の技術力を高めるための挑戦であった。それ以前にも10万分の1gの歯車の製造に成功していたが、さらなる技術向上を目指すために設けられた目標が100万分の1gだったのである。

しかし、100万分の1gの歯車を開発した目的はそれだけではない。もっと重要な目的は、自社の技術力を最大限にアピールすること、松浦氏の言葉を借りれば売名行為である。話題性のあるモノをつくり、技術力をオーバーに知らしめるために開発したのである。

「見る人が見れば、100万分の1gの歯車をつくるためには金型や成形機、成形機のハンドリング、品質管理の総合力が必要だということがわかります。それに、この総合力が何に活用できるかということもわかります。そして、新しいマーケットが私たちに近寄ってきてくれるのです」と松浦氏。この狙いは見事に当たり、アピールの効果は絶大だったという。

その効果は、まず樹研工業が取引をする顧客の変化に如実に現れた。それまでの主な顧客が家電や弱電、カメラ、時計メーカーだったのに対し、一気に自動車関係のメーカーが増加したという。スピードメーターやフューエルゲージに用いられる高精度な歯車の提供が始まり、自動車関係の顧客が最大の得意先になった。いまでは、ほとんどの日本車に樹研工業製の歯車が使われるまでになっている。このほか、デジタルカメラ用の精密ウォームや携帯電話用カメラモジュール部品という新分野への部品供給も、100万分の1gの歯車の開発に成功したことで実現した。

このように、100万分の1gの歯車は樹研工業に大きな恩恵をもたらした。「技術は剣豪の達人技と一緒。すぐ商売になる、ならないに関係なく、職人技の粋を開発して次から次へと発表していくことが、中小企業にとっては大事なことです」と、松浦氏は技術開発と開発した技術をアピールすることの重要性を強調する。

技術を磨けばマーケットの方から近づいてくる

樹研工業が小型部品に特化するようになったきっかけは、1973年に起きたオイルショックだった。オイルショックをきっかけに、松浦氏は将来の技術はマイクロ化が主流になると判断し、マイクロパーツをつくる決心をしたという。

最初につくったマイクロパーツは、8㎜ビデオなどに使用する100分の1gの部品であった。その後、腕時計用の1000分の4〜5g程度の部品へとマイクロ化を推進。さらに1万分の1g、10万分の1gの歯車と進み、話題になった100万分の1gの歯車をつくるまでに至ったのである。

松浦元男氏

マイクロパーツにこだわり続け、技術力を高め続けてきた樹研工業。高い技術力によって取引先からの信頼を集め、順調に会社を経営してきたのかと思いきや、幾度となく危機に見舞われ、その都度乗り越えてきたという。それも、普通だったら倒産してもおかしくないような重大な危機だった。

倒産してもおかしくない重大な危機とは、新製品の台頭や取引先が中国に生産をシフトしたことなどによって、それまでの仕事が突然目の前からなくなるというものだった。まず、コンパクトカメラ用部品の金型がデジタルカメラの台頭によってすべてなくなった。また、腕時計の代替としても使用されるようになった携帯電話の爆発的普及によって、腕時計用部品の受注が大幅に減少し、現在では数年前より90%も落ち込んでいるという。１９８５年からの二十数年間で、樹研工業からなくなった商品アイテムは３４００点以上に上る。

こうした環境の変化は、樹研工業の売り上げ構成にも大きな影響を与えた。６年前に売り上げを上げていた商品の80％が、すでになくなったというのだ。技術力を磨き続けてきた樹研工業といえども、この穴埋めに長いこと時間がかかったという。

このときのことを振り返り、松浦氏は「夜も眠れないぐらい大変でしたよ」と苦しい胸の内を明かす。だが、危機に陥っても乗り越えることができたのは、技術を真面目に磨き続けてきたこと、不良品を出さない品質管理技術があったこと、突然仕事がなくなったり売り上げが激減してもびくともしない財務体質を築いていたことによるところが大きい。とくに、真面目に技術を磨き続けてきたことによってマーケットの方から樹研工業に近づいてきたのは、大きな救いになっている。

新たな柱「ナノ切削」が実用化

絶えず技術を磨き続けてきた樹研工業。100万分の1gの歯車も過去の話で、これに続く新たな技術を育成し、実用化の道筋をつけた。それはナノ切削である。

ナノ切削とはナノレベルの精度を持つ超精密切削加工のこと。いままで磨き工程を要していた部品も、切削だけで鏡面加工することが可能になる。

ナノ切削に関する取り組みが始まったのは2003年。これまで「ナノプロセッサー」という専用の加工機を導入したほか、加工機周辺の温度を管理する専用チャンバーやクリーンルー

肉眼ではパウダーにしか見えない100万分の1gの歯車の拡大写真
(182ページの写真は米粒の上に配置した100万分の1gの歯車)

ム、工場の免震構造化など、研究開発に億単位の投資を行っている。その甲斐もあり、レンズアレーや非球面レンズのコア、フライアイ・レンズプレート、マイクロ流路などの開発に成功している。

樹研工業の場合、技術開発のテーマは松浦氏が提示。必要な投資を積極的に行ったうえで、自社内で技術を蓄積していくという。ナノ切削の場合、次に来るのは光技術という松浦氏の判断から、それに必要になるレンズの製造に切削加工が適用できるのでは、と思いついたことがきっかけになっている。

松浦氏は「新しいテーマを見つけてはそこに向けて投資し、新技術を開発して社内に蓄積することは、企業がこれから生き抜いていくときに一番大事なことだと思っています」と強調する。

しかし、レンズの製造を目的に開発したナノ切削が、思いがけずバイオ分野から注目されたという。直径０・１㎜のレンズを10万枚彫ったレンズアレーを見て、バイオ関係者がＤＮＡなどを入れて分析したりすることに応用できるのでは、という着想を得たというのだ。「やってみると違った用途って発見されるものです。ここが技術開発の面白いところで、理屈ではなく、つくってみなければ新しい用途は出てきません」と松浦氏は振り返る。

このように、新しいテーマを見つけては技術を開発し続けている樹研工業だが、保有している知的財産は特許が10件程度。ものによっては米国特許も取得している。

樹研工業では基本的に、特許の取得を防衛手段と位置づけている。商品を購入していただく取引先を守るために取得することもあれば、特許出願のみで審査請求しないケースも多々あるという。

トップが勉強し、手本を示す

しかし、技術開発は松浦氏がテーマを示すだけではなく、社員自らがチャレンジを志願してくることもあるという。１００万分の１ｇの歯車も、社員から「やらせてほしい」という声が挙がったことを受け、取り組むことにしたものだった。

「うちの奴らは、俺を殺すような顔して『やる』って言うんですよ。真剣かどうかは、顔を見ればわかりますから、真剣にやるならこっちも一緒に船に乗ってやるんです」と松浦氏。やりたいと思ったことにチャレンジできる環境を羨ましく思う技術者も多いかもしれないが、その裏では命がけで「やりたい」という意思表示をしているのである。

松浦氏に言わせれば、樹研工業の社員は「オタク」ばかり。それに、若手社員の教育レベルや能力は昔よりはるかに高いので、何でもできるのだという。工業高校を卒業し入社してきた1年目の新入社員が、年末になれば最新鋭の三次元CAD／CAM、マシニングセンタやワイヤカット放電加工機といった工作機械を自由自在に扱えるようになり、金型を設計・製造できるほどになる。

社員が持つ高い能力を引き出すために松浦氏が心がけていることが、チャンスを与えることである。機械がなくてできない場合は、多少高くても購入して与える。そしてチャンスを与えた後は、やろうとしていることが社会にとってどれだけ素晴らしいことかをきちんと教える。こうすることで、心のなかに動機づけができ、力を発揮してもらえるようになるという。

「とにかく、よく勉強する」というのが、社員に対する松浦氏の評価だ。例えば、英語ができなくて悔しい思いをしていた女性社員が、「米国の大学に留学したいので休暇が欲しい」と要望したため、留学を認めたところ、半年後に留学を終えて帰ってきたときには英語が堪能に

ナノ切削で加工した球面上のレンズアレー面の外観(左) と、その50倍拡大写真(右)

なっていた、といったような例が樹研工業には数多くあるという。能力向上に対する社員の意欲は高い。

社員が能力向上に高い意欲を示すためには、「トップが勉強し、手本になることが重要」と松浦氏は力説する。そう言うだけあり松浦氏はかなりの読書家。社長室の机の背後、側面に置かれている書棚は、数え切れないほどのビジネス書や理工書で埋め尽くされている。

松浦氏をはじめ社員が個人の意思で勉強するという樹研工業の考え方には、松浦氏の経歴が大きく影響している。松浦氏は大学生時代、米軍基地を訪問し音楽を演奏するバンドマンだった。プロとしても生活できた時期もあったというから、実力は相当なもの。このときの経験が樹研工業の人材育成に対する考え方に多大な影響を及ぼしたのである。

「あの世界は学歴も何も通用しない実力だけが物を言う世界。このことを思い知らされましたよ。採用試験もなければ卒業もない。皆必要に応じて勉強し、腕を磨いて競い合ってました」

松浦氏はこう語る。自分の実力しか頼れない世界で得た生きた教訓が、樹研工業に息づいているのである。

地の利が生産性を高める

樹研工業がある愛知県豊橋市は県の東端に位置する。松浦氏は「この立地がモノづくりにとって極めて有効に働いている」と興味深いことを語る。

豊橋市の西にはトヨタ自動車やデンソー、アイシン精機といったトヨタ系の企業が集積し、東の浜松にはホンダやスズキ、ヤマハなどがある。豊橋を中心にして西と東に大手メーカーが集中しているため、こうしたメーカーが持つ生産管理や品質管理などの情報・ノウハウが豊橋には集まりやすいというのだ。それに、こうした企業の経営者が地方のテレビ局に出演したり、新聞の地方版にコラムを執筆したりすることもあるので、首都圏にいては聞こえてこない情報が聞こえてくるという。

このような環境にあるだけに、豊橋の町工場は大企業が持つ高度な品質管理や生産管理に関する情報・ノウハウを吸収しやすい。簡単に言ってしまえば、手本になる先生のような存在が身近に多くいるのである。先生の存在が町工場の生産性向上に一役買い、町工場も大企業から貪欲に学ぼうとするのである。「土地代や人件費も立地条件では大事ですが、ノウハウが湧いて出てくることの方がもっと大事です」と松浦氏は言い切る。

創業から40年以上経ち、紆余曲折を経ながら発展してきた樹研工業。苦楽をともにしてきた創業当時のメンバーが全員、現在まで残っているのが自慢だという。そして、「彼らの子どもたちも樹研工業に入社してきたことがうれしかった」と、松浦氏もこのときばかりは目を細めて喜んだ。

樹研工業が40年間で培ったものは、高い技術力と子どもを安心して働かせることができる信頼感だったのである。

企業データ

・**岡野工業株式会社**

資本金　1000万円
所在地　東京都墨田区東向島6-62-13
従業員　6人
ＵＲＬ　http://www005.upp.so-net.ne.jp/OKANO_to_ONDINE/

・**ニッカー絵具株式会社**

資本金　300万円
所在地　東京都千代田区内幸町1-7-24
従業員　14人
ＵＲＬ　http://www13.ocn.ne.jp/~nicker.c/

・**株式会社北嶋絞製作所**

資本金　1600万円
所在地　東京都大田区京浜島2-3-10
従業員　21人
ＵＲＬ　http://www.kitajimashibori.co.jp

・**株式会社大和テクノシステムズ**

資本金　1200万円
所在地　東京都町田市玉川学園4-24-24
従業員　40人
ＵＲＬ　http://www.daiwatechno.co.jp

・**株式会社樹研工業**

資本金　7900万円
所在地　愛知県豊橋市小向町字北小向140-1
従業員　50人
ＵＲＬ　http://www.juken.com/

第4章　知財を武器にするドクソー企業

多角化、特殊化、国際化を推進する夜光塗料の世界トップ企業

根本特殊化学株式会社

オフィスビルの避難階段におけるN夜光の使用例

夜光塗料で世界ナンバーワンシェアを持つ根本特殊化学は、世界を股にかけるドクソー企業である。夜光塗料だけにとどまらず、高い技術力を武器に次々と新商品を生み出している。

創業当時の根本特殊化学は軍事関係の施設や装備品などへの夜光塗装加工と夜光塗料の販売を行っていたが、戦後は時計の文字盤に夜光塗料を塗布する事業を皮切りに多角化と特殊化、国際化を推し進め、センサやライフサイエンス事業などを育てた。

根本特特殊化学の名前を一躍世に知らしめたN夜光（ルミノーバ）は世界各国で特許を取得したほか、1995（平成7）年には大河内記念技術賞を受賞。また、米国大手企業H社との特許紛争では巧みな知財戦略で、抱き込みに成功した。

軍事用途から民生用途へ

時計の文字盤などに塗布され、暗くなると発光する夜光塗料。この夜光塗料とともに歩み、発展してきたのが根本特殊化学である。

根本特殊化学は、雑誌「子供の科学」の編集者であった根本謙三氏が1941（昭和16）年に興した会社である。根本謙三氏は編集者時代に夜光塗料のことを知り、戦争が始まれば必ず夜光塗料が必要になると判断したことから会社を設立。根本謙三氏の判断通り、夜光塗料は軍事用途に売れたという。

しかし終戦後、軍事用途に売ることが不可能になり、これに代わる新たな民生用途の開拓が不可欠になった。そこで考えられたのが、時計の文字盤に夜光塗料を塗布する事業であった。

ところが、終戦直後の日本では夜光塗料が製造されていなかった。肝心の夜光塗料が調達できなければ、新事業どころではない。だが戦時中、ドイツから日本に密かに夜光塗料が持ち込まれていたことを知り、これを大量に買い集めることで解決した。買い集めた夜光塗料は大半が壊れ発光しなかったものの、再生処理に成功し何とか事なきを得たという。

このことにより、根本特殊化学はその後の事業の足がかりを得ることになったのである。

世界が認めた「N夜光」

夜光塗料には、
①ラジウムなどの放射性物質で蛍光体を刺激し常時光る自発光塗料
②放射性物質を用いないで、外からの光の刺激を蓄え暗くなると光る蓄光塗料
の2種類がある。終戦当時の夜光塗料は自発光塗料がほとんどで、根本特殊化学も当初、ラジウムを使った自発光塗料を扱っていた。

しかし1954年に、遠洋マグロ漁船「第五福竜丸」がビキニ環礁で米軍の水爆実験によって被曝したことがきっかけで、状況が変わる。強い放射線を出すラジウムの使用が問題視されるようになり、ラジウムより弱い放射性物質を使った夜光塗料の開発が求められたのだ。

このような時代の変化から、根本特殊化学では新たな夜光塗料の開発に取り組み、1960年にラジウムより放射線が弱く安全なプロメチウムを使用した夜光塗料（N発光）の開発に成功した。

N発光の開発により、根本特殊化学はひとまず危機をクリアした。しかし、1991（平成3）年3月20日のある新聞記事によって、根本特殊化学に再び危機が訪れようとしていた。

その新聞記事とは、大手時計メーカーが放射性夜光塗料を5年以内に全廃し、全量EL（エ

レクトロ・ルミネッセンス）に切り替えるというものであった。この発表は、環境保護に対する意識の高まりを受けてのものだが、根本特殊化学にとっては今後の企業存続にかかわる一大事となった。

代表取締役社長の根本郁芳氏は新聞発表を振り返り、「当時、放射性夜光塗料を生業にしていた根本特殊化学を完全否定するもので、『5年後にはいらなくなる』という宣戦布告のようなものでした」と語る。

これを機に、根本特殊化学は放射性物質を含まない新しい蛍光体の開発に着手。そして2年の開発期間を経て1993年に完成したのが高輝度・長残光性蓄光顔料「N夜光（ルミノーバ）」である。

N夜光は、従来品にはない多くの特徴を持つ。最大の特徴は、従来品に比べて残光時間と輝度が10倍向上したこと。文字盤にN夜光を使用した時計であれば、暗い室内でもはっきり時刻が確認できる明るさで、一晩中光り続ける。これは、化学組成を従来の硫化亜鉛からアルミン酸ストロンチウムに変え、なおかつそこにユウロピウムとジスプロシウムという希土類元素を添加したことが関係している。

当初は時計用に開発されたN夜光だが、現在では電子機器など多くの分野で使用されている。なかでも、屋外の広域避難場所表示や地下鉄駅構内やビルなどの避難誘導表示など、安全

新旧蓄光素材の比較

	旧素材（GSS）	新素材（N 夜光）
化学組成	硫化亜鉛（ZnS：Cu）	アルミン酸ストロンチウム（$SrAl_2O_4$：Eu,Dy）
発光色	緑色（530nm）	緑色（520nm）
残光輝度	20 ～ 30mcd/m^2	300mcd/m^2
残光時間	約 200 分	2000 分以上
耐光性	10 ～ 24 時間	1000 時間以上
安全性	既存化学物質	化審法登録

にかかわる標識での適用が拡大しているという。

避難誘導表示は電気を使って明示しているケースが一般的だが、災害が発生すると電気が使えなくなる恐れがある。また、電気代もかかり、メンテメンスも必要になる。これに対し夜光塗料を標識に使用すれば、電気が使えなくなったときの心配がなくなるばかりか、電気代とメンテナンスも不要になる。

考えてみれば実に理に適った活用法だが、これができるのも暗闇でも文字がはっきり視認できるほどの明るさで光るN夜光があってのことである。

また、夜光塗料の安全分野での活用は、日本に限らず海外でも見られる。

例えば米国では、9・11同時多発テロ事件以後に国防総省の本庁舎（ペンタゴン）内の通路全部

N夜光の使用例
航空機内のフロアパス（ルフトハンザドイツ航空）

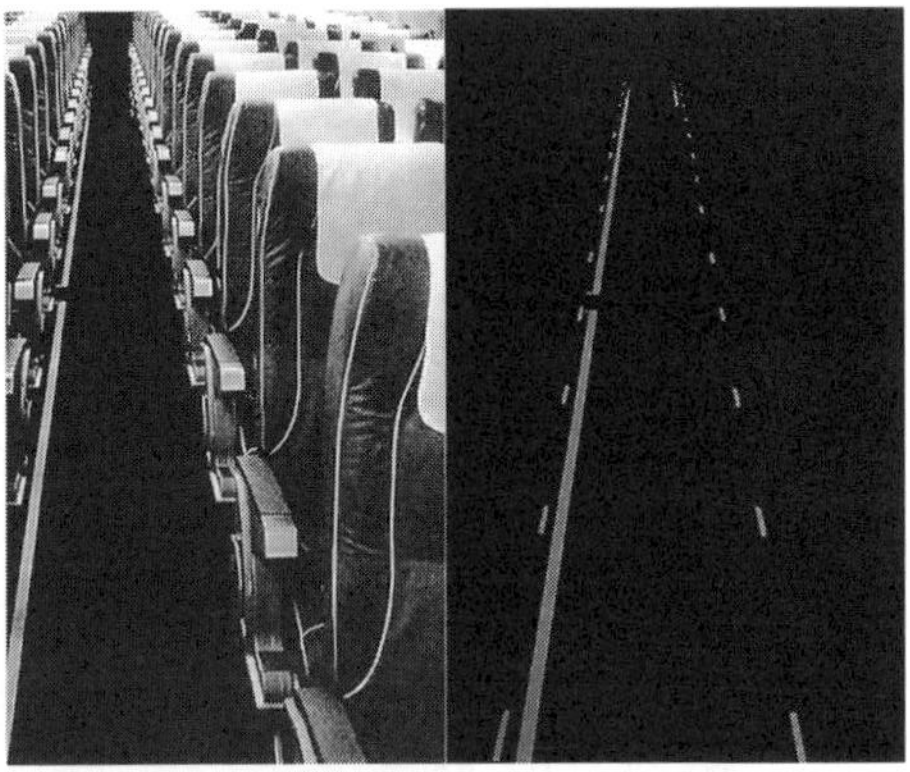

に夜光誘導ラインを貼る作業を進めており、このテープにN夜光が使われている。また、ニューヨーク市では２００５年７月に、高さ75フィート（約23メートル）以上のオフィスビルには必ず、一般通路と非常階段に夜光塗料を使ったマーキングをしなくてはならないという条例が施行された。

従来品の性能をはるかに凌ぐN夜光は、顧客、業界、学会から高い評価を獲得。その証拠に日本のほか欧米、カナダ、香港、台湾、韓国、中国、オーストラリアと世界各国で特許を取得した。

特許紛争の対抗策は抱き込み戦略

しかし、その一方でN夜光に関する特許紛争が多発した。日本はおろかヨーロッパや中国でも根本特殊化学は特許紛争を経験してきたという。

ヨーロッパでは１９９７年に、根本特殊化学が持つヨーロッパ特許に対して、米国大手企業

H社が異議を申し立てた。しかし、EPO（ヨーロッパ特許庁）が審議した結果、2000年にH社の申し立ては却下された。

ところが、H社はすぐさま、根本特殊化学に「ライセンスしてほしい」と申し出る。結果的には、2002年1月に根本特殊化学とH社は特許実施のためのライセンス契約を結ぶことになり、両者で世界中のマーケットにN夜光を販売することになった。さらにH社から、中国でN夜光の模倣品を製造していた中国企業にサブライセンスを供与した。

根本郁芳氏

ただし中国市場については、根本特殊化学と模倣品製造会社の両者で販売することにした。両者が出資して香港に合弁会社を設立し、そこに特許出願と中国特許の管理を委ねたうえで合弁会社から両者にライセンスを付与し販売を認める形を取っている。中国だけ異なる形態を採用したのは、中国での模倣品製造会社の顔を立てるためで、H社の弁護士からのアドバイスによるものだという。

「H社は大企業なので組む相手としては大きすぎますが、名前を使うことができます。そこで、いろんな条件を出し、1年かけてライセンス契約を結ぶことにしました」

根本氏は、H社とのライセンス契約についてこのように語る。

根本特殊化学とH社の特許紛争はこうして解決をみた。したたかな大企業を相手に、それ以上のしたたかさで臨み、結果的にはH社とN夜光の模倣品を製造していた中国企業を抱き込んだというのが正しい見方だろう。

根本氏は「いい勉強をさせていただきましたよ」と笑いながら当時を振り返る。

知財は会社の財産

一連の特許紛争は、根本特殊化学の特許に対する意識を変えた。「よい特許は真似される」ということを皆が理解することになり、特許そのものに対する理解を深めるようにしたという。

まず、技術開発に携わる社員を対象に、特許に関する勉強会を開催。弁理士の熱心な指導もあり、いまでは技術者が特許申請書を作成できるようになったという。特許の申請は知財室がやることという意識のあった技術者に対し、技術者にとって特許は身近なものという意識を定着させた。それに長期にわたる特許紛争の経験から、利益の上がる売れる技術を、技術者が意識して開発に当たるようになったという。

また技術者以外に対しては、月に2回行われる営業報告の場で、知財室から知財関係の報告が行われるようになっている。知財に関する情報・考え方を共有する一助となっており、知財を会社の財産とする風土ができつつある。

このような社内での知財に対する取り組みや先の抱き込み戦略が高く評価され、根本特殊化学は2005年4月18日の発明の日に、知財功労賞経済産業大臣表彰を受賞した。

成長のキーワードは多角化・特殊化・国際化

N夜光は根本特殊化学を代表する看板商品だが、N夜光だけが経営を支えているわけではない。夜光塗料の製造で培った蛍光体製造技術、放射線取り扱い技術、文字盤印刷技術という3つのコア技術を駆使して、実にさまざまなモノを開発している。

根本特殊化学にとっての成長のキーワードは「特殊化」、「多角化」、そして「国際化」である。

特殊化の例としては、偽札偽造防止などに使用するセキュリティマーキング用特殊蛍光体や、人工ラドン温泉などがあげられる。最近はあまり聞かれなくなった人工ラドン温泉だが、最初に開発したのは根本特殊化学だという。

また、多角化の例としては蛍光体製造技術を生かしたPDP（プラズマ・ディスプレイ・パ

N夜光特許の登録状況

出願国	特許番号	権利化状況
日本	JP2543825	登録（96/07/25）
米国	US542006	登録（95/06/13）
カナダ	CA2116194	登録（99/09/28）
欧州	EP0622440	登録（96/04/24）
オーストラリア	AU661941	登録（96/01/09）
香港	HK1521/1996	登録（96/08/08）
台湾	TW076319	登録（96/01/11）
韓国	KR145246	登録（98/04/28）
中国	CN94103944.7	登録（04/01/30）
ドイツ	DE9422359.9(UM)	登録（00/09/14）

ネル）やＥＬなどディスプレイ用の特殊蛍光体や液晶用の特殊なバックライト、放射線取り扱い技術を生かした煙感知器用センサなどのセンサ類や新薬代謝研究の受託、文字盤印刷技術を生かした精密印刷加工、などがある。

根本特殊化学の商品はすべて、セーフティー、セキュリティー、ヘルスの３つの領域に属すもので、これらの領域のなかでできることに特化してきた。根本氏は「どれも大手企業が取りこぼした小さな領域ばかり」と言うが、今後もこの３つの領域から外れずに、特殊な製品を開発し続けていく考えだ。

そして、特殊なモノを幅広く展開するビジネスモデルを維持するために浮上するのが、マーケットを世界規模でとらえた「国際化」である。

「われわれが考える国際化とは、世界中で通用する製品を、国際的なチャネルでつくり、提供することです」と語る根本氏。海外での製造・販売チャネルづくりも積極的に推し進めている。

製造拠点としては中国に4、香港に1、ポルトガルに2、スイスに1拠点を整備している。ポルトガルに拠点を持つ日本企業は珍しい気がするが、ポルトガルに進出した理由は、ヨーロッパのなかでは製造コストが低いこと、大西洋を挟んで米国と隣同士になりヨーロッパとアメリカの両市場に対し効率的な物流が可能になるためだという。

販売網については香港、中国、韓国、オランダ、イタリア、スイス、米国にそれぞれ1拠点ずつ整備している。なかでもスイスのN夜光製造・販売会社、ルミノーバAGは、スイスの時計業界にN夜光を供給することに特化した会社で、スイス製時計のほぼ全量にN夜光を提供している。

会社は従業員のもの

N夜光がメインであっても特殊化、多角化が進んでいる根本特殊化学は「何をしている会社なのか」をひと言で言い表すのが難しい。その代わり、次に何をするかが楽しみな会社だといえる。先の展開が読めない、という魅力を十二分に湛えている。

今後何を開発したいかを根本氏に問うたところ、根本氏は「蛍光体は応用範囲が広いため、これから先も、もっといろんなモノができるでしょう。開発シーズは自ずと出てきます」と答え、明るい見通しを示す。研究・開発、生産、販売体制はすでに整っているので、あとはいかにシーズを見出すかにかかっている。

明るい見通しを現実のものにし続けるためには、企業として永続していかなければならない。そのために根本氏は、「社員の皆で会社を築いていく気持ちを持つことが何よりも大切。会社は従業員のものです」と言い切る。

根本特殊化学の過去、現在、未来は多くの社員の力に支えられていると強く実感しているからこそ、「会社は従業員のもの」という言葉が自然と出てくるのである。

左右の足型に合わせた靴下を開発

武田レッグウェアー株式会社

1982(昭和57)年に創業した武田レッグウェアーは、左右の足型に合わせた靴下「R×Lソックス」を開発したドクソー企業。スポーツ用靴下の開発を足がかりに、疲れにくいR×Lソックスを生み出した。その独創性は高く評価され、1998年の発明協会の埼玉県発明創意くふう展で弁理士会会長奨励賞を受賞したのを皮切りに、2000年と2001年にはグッドデザイン賞も受賞した。

また、安価な中国製靴下が日本市場を席捲するなか、日本で靴下メーカーが生き残る道として特許や実用新案、意匠を積極的に取得。特許は日本以外に米国、イタリア、ドイツ、ロシア、中国、台湾、韓国で特許を取得してきた。こうした積極的な特許取得などが評価され、2007年に特許庁から「知財で元気な中小企業2007」に認定されたほどだ。

左右非対称の靴下が提供する異次元の履き心地

ここに、左右それぞれの足型に合わせてつくられた武田レッグウェアーの靴下「R×Lソックス」がある。こんな靴下、いままで見たことがないが、履き心地はいかがなものか？　履き心地を確かめるべく試しに履いてみた。

まず履いた瞬間、普通の靴下と違い、指先や甲、踵など足の部位によってフィット感が異なることに気が付く。フィット感は甲の部分は軽く、指先にいくほど強い。一日中動き回っても靴下のなかで足が滑ったりすることはなく、確実に足をホールドしてくれる。こうしたせいか、一日中歩いても足が疲れることなく快適に過ごせた。

翌日、他社製の普通の靴下を履き、一日中歩き回ってみた。しかし、履き慣れた靴下にもかかわらず、時間が経つにつれて足の疲れを自覚するようになり、夕方にはかなりのだるさを感じてしまった。

単純に履き比べてみただけだが、R×Lソックスの履き心地はまるで異次元のように感じられた。とくに、疲れにくいという点は特筆に値する。一日中出歩くビジネスマンが使用すれば、足の疲れが格段に少ないと感じることだろう。

こんなR×Lソックスをつくっている武田レッグウェアーとは、どんな会社なのだろうか？

クレームから掘り当てたR×Lソックスのアイデア

武田レッグウェアーは現在の代表取締役、武田進氏が興した靴下、ストッキングのメーカーである。創業時は主にテニスやバドミントン用の靴下を開発・製造しており、愛用者のなかには伊達公子など一流選手もいた。

武田氏は靴下業界に50年以上身を置き、靴下づくりを知り尽くした人物である。しかし、武田レッグウェアーを創業するまでは、スポーツ用靴下を手がけたことがなかったという。「スポーツ用靴下はスポーツのための道具ですので、街中で履く普通の靴下とは違ったつくり方をしなければなりませんでした」と武田氏は当時を振り返る。

選手に提供する以上、つま先がずれてマメができる、履いているうちに踵がずれる、といったことがあってはならない。しかし、それまでスポーツ用靴下を開発・製造した経験がなかった武田氏にはノウハウがなかった。そこで、大会会場に出向いて選手一人ひとりからクレームを聞き、改良を進めた。そればかりか、スポーツ用品メーカーのヨネックスが年2回開催する展示受注会に毎年参加してエンドユーザーから直接話を聞いたり、ヨネックスの営業マンから不満などを聞き出し、それらも解決していった。

このような地道な取り組みを10年ほど続けたことでクレームは減少。その甲斐もあって「スポーツ選手が履く靴下はどういうものがいいのか、ということがわかってきました」と武田氏は言う。

そしてあるとき、これまでに得たノウハウに新たに技術を加えて開発した靴下をヨネックスに納品した。そうしたところ、この靴下が大ヒットしたという。この事実で自信を得た武田氏は、さらに左右の足型に合わせてつくればよりいいモノになると確信した。

クレームに一つずつ対処してきたことが、結果としてR×Lソックスの基礎を築く結果になった。武田氏は、長年の苦労の積み重ねの末に誕生したR×Lソックスを「発明品ではなく巡り会った商品」と表現する。靴下へのクレームはまさに、宝の山だったのだ。

完成に立ちはだかった壁

R×Lソックスの最大の特徴は、左右の足型に合わせて非対称形にしたことと、親指側を立体的かつ高く編んだことにある。普通の靴下が平面的なのに対し、編み方に特徴のあるR×Lソックスは、履く前から指の部分がやや膨らんでいるのがわかる。

また、目に見えない特徴として、場所によってテンション（締め付け具合）が異なることがある。指先にいくほどフィット感が強く感じられたのはこのためである。

R×Lソックスは1995（平成7）年に開発が始まり、1997年に発売された。しかし、

武田　進氏

完成までにはいくつかの壁が立ちはだかった。

まず、つま先に向かっていくに従ってテンションを強くする編み方ができるところが限られていた。それまでの工場ではできなかったため協力工場を一から探すことになったが、幸いにも長野に対応可能な工場を見つけ確保した。

しかし協力工場を見つけることより大変だったのは靴下の常識を覆すことだった。そもそも、左右非対称の靴下はあり得ない発想だったので、協力工場にR×Lソックスを納得してもらうのに時間を要したという。

それでも何とか納得してもらい、最終的にはR×Lソックスの特徴である親指側の編み方について一緒に開発をすることになった。当時を振り返り、武田氏はこう語る

「その工場と付き合うようになって1年ほど経ったとき、親指側の編み方に関するアイデアを持ち込み、できるかどうか聞いたところ、『そんなに難しくないと思うのでぜひやらせてくれ』という話になりました。チャレンジするのが好きな技術者がいたこと、社長も開発が好きで積

極的に進めてくれたことが、R×Lソックスの開発に弾みをつけました。私は完成したものを見て『ああしろ』『こうしろ』と指示を出すだけでしたので、現場の人たちは大変だったと思います」

現場の苦労は、編み機の開発に表れた。R×Lソックスには立体的な縫製が要求されるため、デザインや配色機能にウエートを置いた従来のコンピュータ編み機では対応できない。そこで、立体的な縫製ができるよう、独自でソフトを開発することにした。ソフトは協力工場が中心になり、機械メーカーと相談しながら開発を推進。万が一ソフトに不具合があった場合、編み機を壊してしまうこともあるため、ソフトが完成するまでの間は機械を手で回し、針の動きを1目ずつ確認しながら編み込んでいったという。

壁を乗り越えた末に完成したR×Lソックスは、発売の1年前にヨネックスの協力を得てモニター調査を実施。調査協力者が皆、「これはいい」と絶賛したことで自信を深めた。

しかし、武田氏はそれでも、疑心暗鬼だったという。「売れなかったらどうしよう」という不安があったため、発売を開始した頃は様子を見るために種類や出荷数量を抑えた。

しかし、武田氏の不安は杞憂に過ぎなかった。R×Lソックスは発売と同時に、高い評価を得たのである。それは同時に、間違いなく売れると確信できた瞬間でもあった。

靴本来の良さが100%生きる靴下

R×Lソックスには当初、多くの量販店から取り扱いの申し出があった。だが多額の開発コストなどにより、価格は普通の靴下よりはるかに高値。量販店は価格を聞いた瞬間「売れない」と判断し、申し出を取り下げていった。

そこで武田レッグウェアーは、新たな販路として靴屋に目を向けた。靴の展示会に出展し、R×LソックスをPRしたところ狙いは的中し、靴屋での取り扱いが順調に決まっていった。真っ先に取り扱いを決めた群馬県の靴屋では、R×Lソックスを「安い靴下では靴が生きない。しかしR×Lソックスを履いてもらうと靴本来の良さが100%生きる」と評し、販売を決めたとのこと。この反応は武田氏にとっても意外なもので、思ってもみなかったという。

武田レッグウェアーは靴の展示会に6年連続出展し、現在、全国200店以上の靴屋でR×Lソックスが販売されるまでになった。

また、この靴の展示会をきっかけにして生まれた商品がある。それは2006年に発売となった、R×Lソックスのコンセプトを踏襲したパンティーストッキング「R×L　Style」である。

開発のきっかけは、靴の展示会でR×Lソックスを見た大手百貨店のバイヤーからの依頼

R×L製法の仕組み

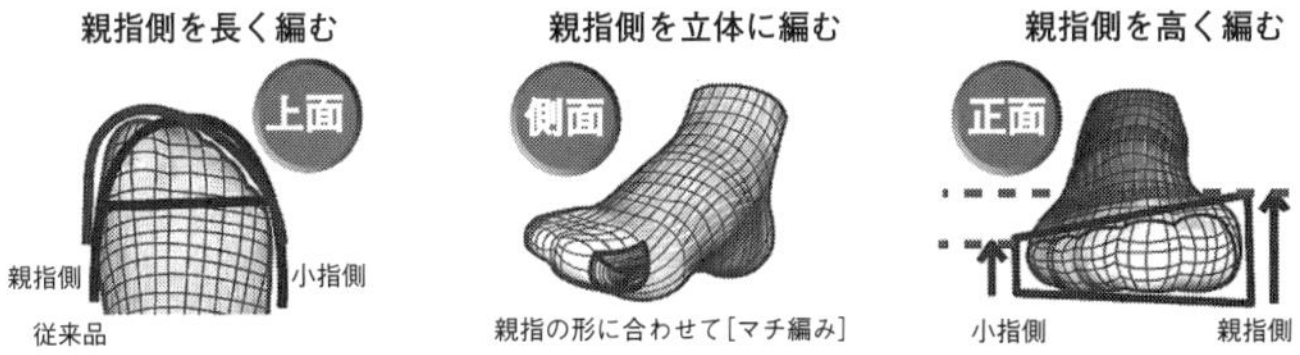

だった。そのバイヤーから「絶対売れる」と太鼓判を押され、取り組んだという。

早速、機械メーカーにR×L Ｓｔｙｌｅがつくれる機械がないかどうか相談したところ、機械メーカーからは「ありません」という答えが返ってきたという。しかし、それでも武田氏は「絶対に必要になるから、ぜひ考えてつくってくれ」と機械メーカーに開発を懇願し、完成にこぎ着けた。

また、ストッキングは靴下と異なりシビアな空調管理が要求される。それは、湿気があると糸が伸び縮みし、商品が均一にできないためである。そのため、R×L Ｓｔｙｌｅの生産にあたってはストッキングの生産にノウハウを持った工場を探し、香川県に新しい協力工場を見つけた。

なお、香川県の協力工場との取り組みは２００６年に、経済産業省関東経済産業局から新連携（異分野連携新事業分野開拓）に認定された。事業の将来性が公的に認められ、高い期待が持たれている。

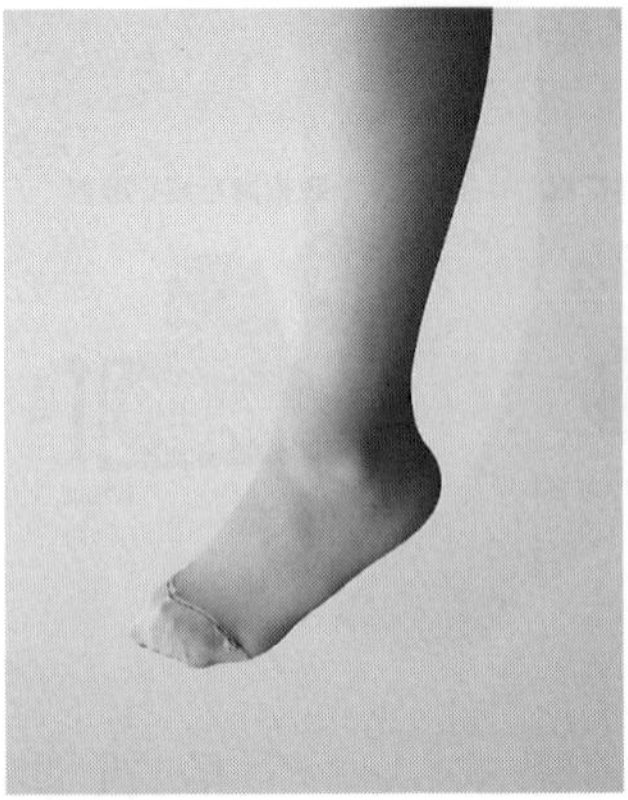

TCP-001
世界で初めて、つま先にRxL製法を取り入れたストッキング。足首から太ももにかけて無段階着圧を取り入れ、一日中快適な履き心地を得られる。指の先端に縫い目がないため、ごろつきもない。

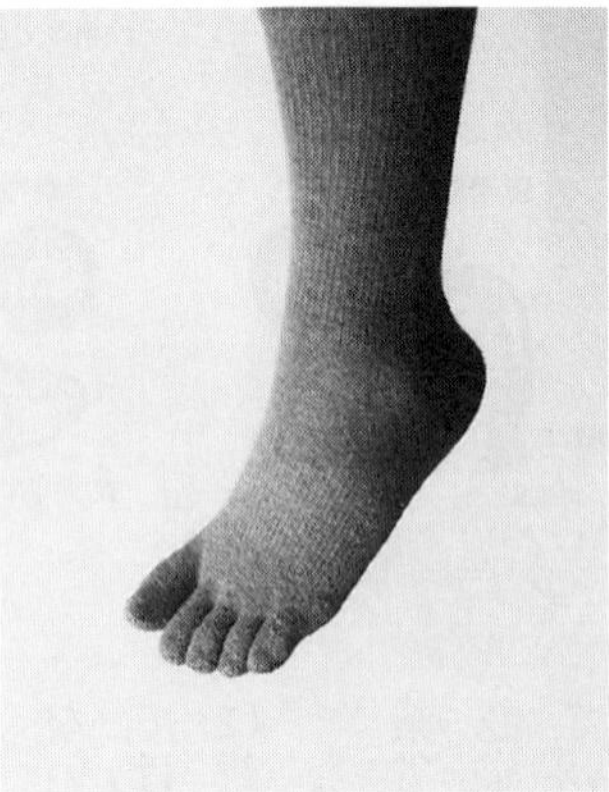

TTR-23
土踏まずから履き口まで、しっかりサポートを付けて全体的にフィットする5本指靴下。一日履いても指先への圧迫感が少なく、さまざまなスポーツにも最適だ。

ライセンスビジネスも視野に入れた知財戦略

日本の靴下業界は安価な中国製に押され、規模が年々縮小している。この厳しい環境のなか、武田レッグウェアーはR×Lソックスと知財で差別化を図り、日本での生き残りを図ろうとしている。特許や実用新案、意匠はR×Lソックスの開発を機に取得。一度特許を取得してもその後に改良特許を出願するなど、他社の参入を許さない態勢を整えている。

武田氏は以前から、特許については高い意識を持っていたわけではなく、R×Lソックスを開発した当初も、特許の取得は考えていなかったほどだったという。しかし、特許を積極的に取得するようになったのは、完成したR×Lソックスの素晴らしさが実感できたためだった。日本以外でも外国出願にも積極的で、これまでに米国、イタリア、ドイツ、ロシア、中国、台湾、韓国で特許を取得している。

現在までに取得した特許は自社実施だが、今後はライセンスビジネスも視野に入れているという。「海外メーカーとのライセンス契約も大いにあり得ます。知財そのものを商売にしたいですね」と武田氏は語る。

責任ある商品を出しブランド価値を高める

武田レッグウェアーでは2002年、「Big　Toe」という自社ブランドを立ち上げた。それまではヨネックスを通した販売が主だったが、自社ブランドを立ち上げたことで自社商品として売り出すことになったのである。

どの企業でもブランド価値を維持・向上するための労力は計り知れないものだが、ブランドにとっての最大の敵は模倣品の存在だろう。R×Lソックスの模倣品も日本国内で出現しており、抗告や警告を頻繁に出したりするほか、製造・販売の差し止め請求を徹底的に行うこともあるという。

ブランドは企業にとって重要な資産。これを踏まえ武田氏は「ブランドを守ることは自分たちの責任です」と気を引き締める。企業として責任ある商品を市場に出すべく品質管理を徹底し、ユーザーからの信頼を確実なものにしようとしている。

R×Lソックスを靴下のスタンダードに

R×Lソックスのユーザーは、ほとんどがリピーター。ユーザーからの声も99%が「こんな靴下は履いたことがない」だ。この反応を見るとR×Lソックスは非の打ちどころがない完成された商品という印象が強いが、武田氏は「完成品だとは思っていません」と明言する。常に「どうすればもっとよくなるか?」を考え、改良を積み重ねているという。

また、今後の事業の方向性の一つとしてオーダーメードがある。採算が合えば対応する考えで、過去には業界ではほとんど使われないラムウール製のR×Lソックスや、義足装着者向けに片足分だけをつくった例がある。ラムウールの靴下の場合、一足2万5000円もする高価なものになった。

衰えることがない開発意欲もあり、武田氏は今後の経営課題にR×Lソックスの普及と知名度向上を挙げる。目標は靴下のスタンダードで、「私の死後、『R×Lソックスは埼玉県の小さな靴下屋が考えたもの』ということが日本中に伝わればいいなと思っています」と武田氏は言う。この夢の実現に向かって現在、大勢の人たちに一回R×Lソックスに履いてもらうことに力を入れているところ。その努力が実り、2005年に日本ウォーキング協会から靴下では唯一の推奨商品に認定され、ウォーカーに少しずつ浸透しつつある。

現在、武田レッグウェアーでは年間100万足を販売しているが、2年後には300万足を販売する目標。この目標に向かい、今日も試行錯誤を繰り返す。

ドレン処理装置のパイオニア

株式会社フクハラ

ドレンデストロイヤー

誰も顧みなかったドレンにいち早く着目し、他社に先がけてドレン関連商品を開発してきたドクソー企業、フクハラ。同社が初めて開発した商品は数知れず、誰もがその独創性に一目置いている。

フクハラは１９７１（昭和46）年、福原製作所として創業。「ドレン抜きの総合コンサルタント」としてドレントラップやドレンデストロイヤー、リークアラーム、オイルトラップなど、ドレン関連商品を次々と開発し、現在は環境関連機器を広く開発するようになった。１９９０（平成2）年、現社名に変更。知財に対する意識も高く、明確な知財戦略も持ち合わせていることが評価され、２００７年には特許庁から「知財で元気な企業２００７」に選定された。

ドレン抜きの総合コンサルタント

エアコンプレッサのタンク内に溜まる水分や、ポンプのメカニカルシールから漏れる油分、油圧用オイルタンクに溜まる水分をドレンという。このドレンに着目し、「ドレン抜きの総合コンサルタント」というキャッチフレーズのもとに設立されたのがフクハラである。

フクハラの設立は1971（昭和46）年。現在も代表取締役を務める福原廣氏が設立した。法政大学工学部で機構学と流体学を専攻していた福原氏は卒業後、塗装機器、エアコンプレッサ、メカニカルシールなどを製造・販売する中堅企業2社で技術者として7年間勤務後、各種のドレンを抜く商品をつくり販売したいという思いから、1人でフクハラを設立したという。

福原氏は「どの会社もドレンは放ったらかしにしている状態でした」と当時を振り返る。

設立時、フクハラは開発の明確な目標を立てたという。それは次の3つである。

①コンプレッサのドレンを抜く装置
②ポンプのオイル漏れを検知する装置
③オイルタンクに溜まる水分を除去する装置

最初に開発したのは、コンプレッサのドレンを自動的に抜く電磁式ドレントラップ「オートエアトラップ」で、会社設立と同じ1971年に発売された。ドレンは少なくとも1日1回、手動で抜くのが当たり前だった当時、ドレン抜きを自動化する画期的な商品として評価され、設立初年度の黒字化に貢献した。

その後ドレントラップは進化を遂げ、コンプレッサ内に残るエアも抜く独創的なダブルトラップやシングルトラップが開発された。これら2つのドレントラップは電源を切ると同時にドレンと残存するエアを抜くため、負荷をかけることなくコンプレッサを再起動することができ、高い負荷がかかってヒューズやブレーカが飛び故障するのを防いだ。

他社に先がけいち早くドレン抜きの自動化を実現したことで、フクハラはこの分野を独走。競合商品が出た現在もシェア60％を誇っている。

だがフクハラは、ドレントラップの成功に気を良くすることなく残り2つの目標の実現に動いた。

まず、ポンプのオイル漏れを検知する「リークアラーム」が、設立から3年後の１９７４年に開発された。ちょうどその頃、日本では消防法が改正され、37kW以上の出力を持つ移送用ポンプにはオイル漏れを検知する装置の装着が義務付けられたことから、ドレントラップと同様、好評を博すことになった。

そしてオイルタンクから水分を除去する装置は、設立から10年後の１９８１年に「オイルトラップ」という商品として発売された。当時主流となってきたスクリューコンプレッサ内のオ

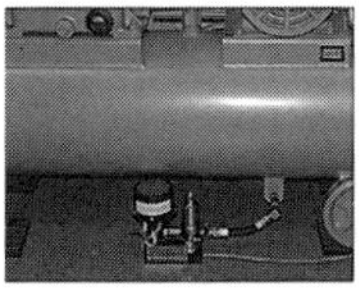

「オートエアトラップ」
（写真は取り付け例）

「リークアラーム」

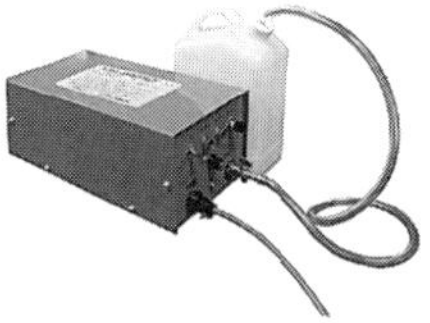

「スクリューオイルトラップ」

イルタンクの水抜きを目的に開発されたものである。

フクハラが設立時に掲げた目標は10年ですべて実現した。いずれも画期的な製品として市場から迎え入れられたが、福原氏は「夢を掲げると、夢のほうからやってくると言えばいいのでしょうか。消防法の改正やスクリューコンプレッサの登場もあり、運もよかったです」と謙遜する。

ドレンから油分を分離

しかし、フクハラでは３つの製品を開発している間、ある画期的な装置の開発も行っていた。それは、コンプレッサのドレンから油分を分離する油水分離装置「ドレンデストロイヤー」である。ドレントラップと同じく、他社に先がけてフクハラが開発したもので、現在ではドレントラップと並ぶフクハラの看板商品。国内で65％のシェアを持っている。

ドレンデストロイヤーの開発は１９７８年頃から始まった。きっかけは、ドレントラップのユーザーからの依頼だった。

コンプレッサのドレンは、水とコンプレッサの焼き付きを防止するオイルが混ざり合ったもので、水質汚濁防止法により河川や土中にそのま

福原　廣氏

ま廃棄することができない。廃棄するには、水と油を分離する必要がある。ところがドレンは、水と油が複雑に結び付いてエマルジョン（乳化油）となるため、油分の分離が容易ではなかった。

以上の理由から、コンプレッサを使っている会社はどこでも、ドレンの処理に頭を悩ませていたのである。

開発にあたっては実際のドレンが必要だったため、フクハラは依頼してきたユーザーの工場を借りて開発とテストを繰り返した。そんなとき、ある大手メーカーが開発したドレンを分解するフィルター素材の存在を知り、難物だったドレンの分解が一気に解決へと進むことになった。

このフィルター素材との出合いは小さな新聞記事だった。それを見た福原氏は「これでできるはずだ」と直感し早速そのメーカーに電話したところ、共同で開発することになった。

その結果完成したドレントラップは、次のようにしてドレンを水と油に分解する。

①Ａ槽にドレンを通し、油吸着剤で浮上油と分散油を吸収して完全なエマルジョンにする。

②エマルジョンを分解するフィルター素材を入れたＢ槽にエマルジョンを移して破壊し、水と油に分解。

③再びＡ槽に戻し、油を吸着させる。

ドレンデストロイヤーでドレンを処理すると油分濃度が５ＰＰＭ以下となり、水質汚濁防止法で定めている排水基準をクリアーする。これに対しヨーロッパ製の油水分離装置は油分濃度が20ＰＰＭにしかならない。環境基準の違いもあるが、性能はヨーロッパ製をはるかに凌駕し

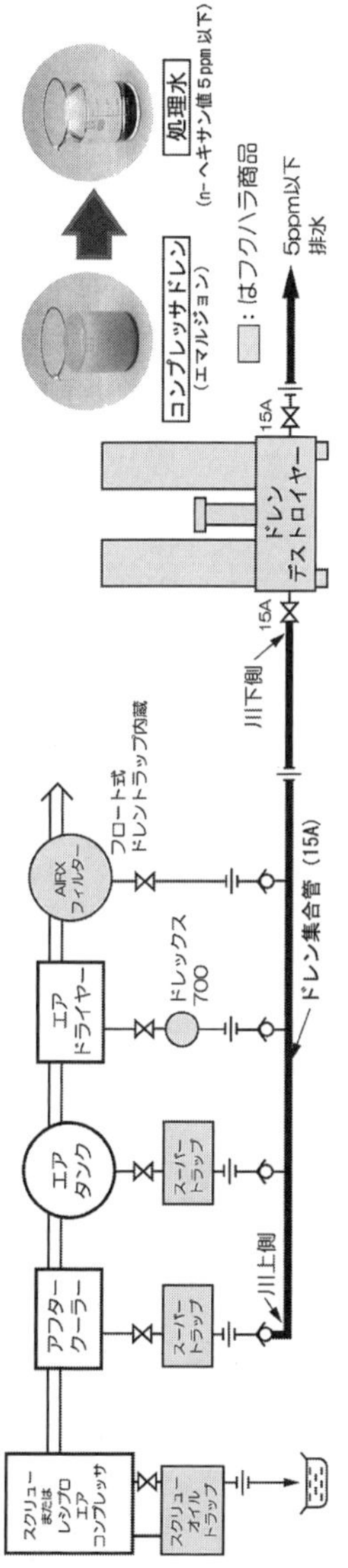

ドレン処理の流れ（例）

ている。

しかし、ドレンデストロイヤーが画期的だったのは、ドレンから油分を分離し浄化する性能だけではなかった。ドレントラップでドレンを排出する際に使用する圧縮空気を使ってドレンを送り込むため、水処理装置には不可欠だったポンプを不要にしたのである。

他にない製品であったというだけでなく、水処理装置の既成概念を打ち破った意味でも、ドレンデストロイヤーは画期的だったのだ。

他社に先がけ開発した商品の数々

その後フクハラは、ドレン関連商品の領域を超え、環境全般にかかわる各種装置などを開発するようになった。

たとえば1986年に開発された除菌フィルター。圧縮空気中の雑菌を除去するもので、これも他社に先がけていち早く開発されたものである。

除菌フィルターの開発は「コンプレッサの圧縮空気の中で雑菌は生きているのか?」という福原氏の疑問からスタートした。

「コンプレッサメーカーは『雑菌はいない』と言いましたが、横浜衛生研究所と一緒に私どもの製品のユーザーで圧縮空気中の雑菌を測定することにしました。そうしたら、雑菌がいたんです。データは随分取りましたが、一番多かったのは意外にも歯科医院の治療器具でした」と述懐する福原氏。圧縮空気中に雑菌がいることがわかった瞬間、除菌フィルターが新たな開発テーマとなった。

その後フクハラは、横浜衛生研究所から北里大学を紹介され、除菌フィルターを共同開発することになった。完成した除菌フィルターはこれまた好評で、歯科医院でもよく売れた。

このほか面白いところでは、日本ではじめて圧縮空気に香りをつけ放出する「デリシャスエア」を１９８６年、芳香制御システム「デリシャス―α」を１９８７年に開発した。デリシャスエアは除菌フィルターに芳香剤をセットしてクリーンかつ香り豊かなエアを提供するもので、デリシャス―αは空調機器や造花の鉢植に芳香発生装置を組み込み、香りを発生させる。

デリシャスエアは、テレビでも紹介されたこともあり、発売当初は歯科医院などで爆発的なヒットを記録した。また、デリシャス―αも発売当初、デパート、銀行、証券会社、イベント会場の販売促進などでよく活用された。

特許は広く使えなければ意味がない

フクハラは設立当時から知財を重視してきた。ドレントラップについては会社設立前から、周辺技術を含めて特許を取得し、垣根をつくることを意識していたという。その際、福原氏自らが明細書を作成し出願していたというから、知財に対する意識の高さがうかがい知れる。

これまでフクハラが取得してきた知的財産権は、商標を含め約370件。このうちの半分程度がドレントラップとドレンデストロイヤーに関するものだ。年間出願件数も20件近くある。

しかも出願手続きは特許事務所に頼らず、すべて自社で行っている。マンパワーに余裕がない中小企業には珍しく、明細書の作成や特許管理の実務を行う専任者を配置するほどだ。

自社で出願手続きをするのは設立当時からだという。「特許事務所に依頼すると、権利を確保するために狭い範囲の出願になりかねません。特許は会社の権利として広く使えなければ意味がないので、自分たちですべてやるのです」と、福原氏はその理由を説明する。

もっとも、広く会社の権利として使える特許を目指すのは、新技術を出願するときのこと。将来を見据えて出願し、出願した技術を応用した商品が市場に出たときには特許権が確立されている状態をつくるという。逆に既存商品に関するものは、取るに足らない〝ゴミ〟のような特許でも取得し、他社からの参入障壁をつくる。新商品、既存商品ともに、他社が容易に参入できないように特許でガードを固めるのである。

今後特許を出願すべき分野や技術開発の方向性は、自社技術を元に作成した特許マップと特許公報から見定める。毎月、特許公報を入手し、他社の技術動向を逐一確認。自社技術の傾向に他社の動向を加味して検討し、常に先を見据えた技術開発と特許出願を実施している。

アイデアの発想を促進する朝礼と営業会議

これまでにフクハラが開発してきた商品のほとんどは、福原氏が発明してきた。しかし、最近の発明は半数近くが社員によるものだという。

社員の発明が増えた背景には、長年実施してきた毎朝の朝礼と月１回開催される営業会議がある。朝礼は時間にして15分程度だが、社訓を唱和した後に必ず、新入社員による商品説明を利用した勉強会が行われる。一方、半日かけて行われる月１回の営業会議では、売り上げや開発案件の中間報告がなされる。

２つに共通しているのは、声に出して発表するところにある。「声に出して発表するということは、発表者が事前に勉強しなければなりません。聞き手がわからなければ質問され、答えられなければさらに勉強します。こうすることで、常に頭の中に商品に関する情報が入り、ひいては特許を出願するにふさわしい発明のアイデアが浮かぶのです」と、福原氏は声に出して発表することの効果を説く。

朝礼や営業会議の効果は、発表を聞く側にもある。とくに福原氏は、朝礼時の発表を聞いているときに発明のアイデアを発想することが多いという。客観的な立場で聞けるため、聞く側にとっても貴重な勉強の機会となっている。

新たな発明、独創的な商品開発にむけて

フクハラが開発してきた商品の独創性は、社会でも大きく評価されている。その証拠に、これまで黄綬褒章を筆頭に科学技術庁長官賞や中小企業庁長官賞など、合計50件近くの賞を受賞してきた。独創的な商品づくりはフクハラのＤＮＡと呼んでもいいだろう。

一番新しい商品である窒素ガス発生装置も、従来のモノより独創的である。

窒素ガス発生装置の最大の特徴は、窒素内の酸素を吸収するのに水素ではなく、鉄粉を使うところにある。

窒素の純度を高める一般的な方法としては、水素と酸素と反応させ水として排出するやり方がある。ところが、この方法だと水素ボンベが不可欠で、取り扱うために危険物取扱者などの国家資格を持った人材が必要になる。資格者のいないところでは活用できなかった。

これに対しフクハラの窒素ガス発生装置は、併用する酸素吸収装置に直径50μmの鉄粉と触媒（塩化ナトリウムや活性炭）、少量の水を入れ、そこに窒素ガス発生装置で製造した純度99・99％の窒素を入れて鉄を酸化させ、窒素の純度を99・999％まで高める。レーザー加工時の酸化を抑える純度99・999％の高純度窒素を、簡単かつ安全に精製できるようにしたのである。

また現在、新しい発明として、酸素吸収装置に使用する鉄粉を活かしたものを模索しているという。酸化鉄になった鉄粉は交換後、廃棄物として処分しているのが現状。窒素精製時の副産物としてできる酸化鉄の有効利用を狙っているのである。これ以外にもフクハラは、今後も独創的な製品を、福原氏はもちろん、社員も開発し世に送り出すことだろう。

スイスのマッターホルンが好きで、これまでに6回訪れたという福原氏は、「私の夢はマッターホルンと重なって見える気がするんです」と言う。美しく雄大なかの山に登ると心まで雄大になり、新たな発明につながる発想が大きく広がっていくのであろう。

これまでに受賞して授与された
数々の賞状や盾

グローバル企業が認めた小型モータ専門メーカー

シコー株式会社

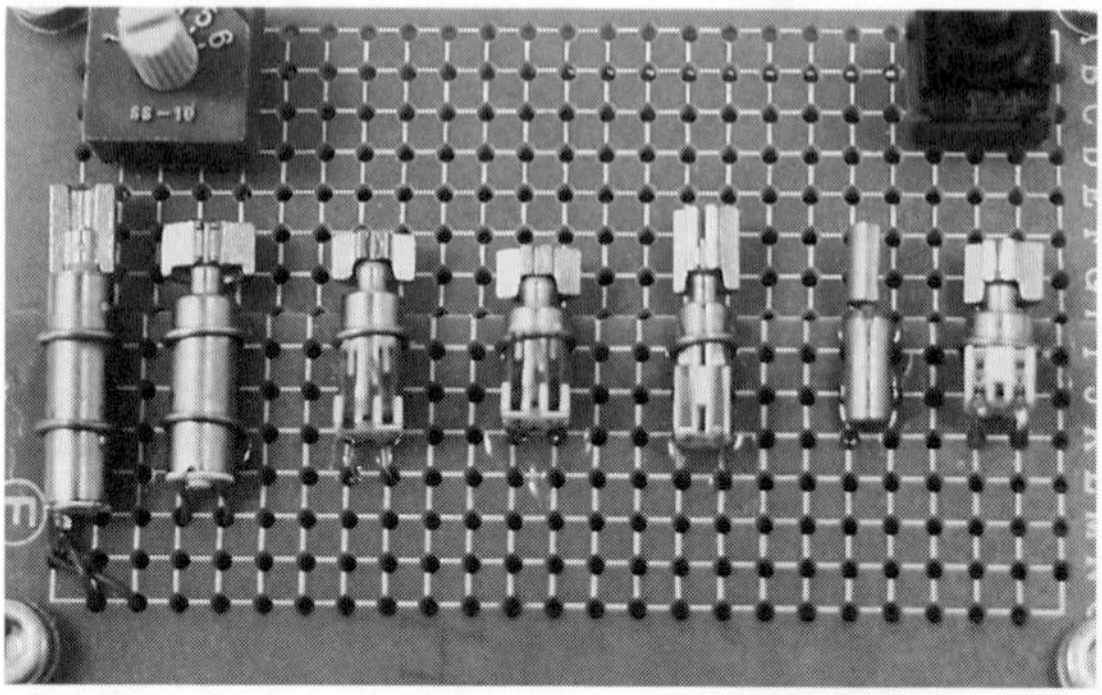

1976（昭和51）年、神奈川県大和市で創業したシコーは、独創的な小型モータの開発に特化しているドクソー企業。社名のシコーは「思考」に由来し、ロゴマークはロダンの名作「考える人」をモチーフにしている。「独創的に思考したモータを通じて、世界に貢献する」という経営理念を実践し、いまや世界中のパソコンや携帯電話に採用されるようになった。

学生時代から発明に取り組んできた白木学社長が率いるシコーは、国内外で600件にも上る特許を取得。特許取得件数が示す高い技術力が、ユーザーニーズを先取りし、どこにもないオリジナルなモータを開発する原動力になっている。2004（平成16）年には東証マザーズに上場し、市場からもさらなる飛躍が期待されている。

600件に及ぶ特許を保有

私たちの身の回りにある電子機器や家電製品、自動車、さらには産業機械、精密機械など、あらゆる機器類に使用されているモータ。種類も豊富で、用途もさまざまである。開発・製造を手がけるメーカーは数多く、競争が激しいが、そのなかでも創業時から小型モータの開発に特化し、躍進を続けているのがシコーである。

シコーが開発しているモータは、パソコンのＣＰＵ（中央演算処理装置）を冷却するファンモータや携帯電話のバイブレータ機能を果たす振動モータ、携帯電話に内蔵したカメラのオートフォーカスレンズを駆動するオートフォーカス用リニアモータ（以下ＡＦリニアモータ）、搬送機器用のリニアモータといったもの。なかでもファンモータや振動モータ、ＡＦリニアモータは世界最小サイズを開発した。このお陰でモータを使ったあらゆる機器類の小型が進んだともいえる。

シコーのモータはすべて、モータの回転子（ロータ）に鉄心を持たないコアレスモータをベースに開発されている。そして、開発の原動力になっているのが、国内外600件に上る保有特許である。

学生時代から発明に没頭

シコーは、代表取締役社長を務める白木学氏が27歳のときに興した企業である。実家がミシン屋で、ミシンを分解する光景などを見て育った白木氏は、自然とミシンの構造に興味を持ち、機械をいじったりするのが好きになっていった。このような家庭環境だったこともあり、「子どものころからいろんなモノをつくりたいという願望を持っていました」と言う。

白木氏が発明に意欲的に取り組むようになったのは大学生になってからのこと。東京理科大学在学中に、偶然「特許白書」(現在の特許行政年次報告書)を手にしたことがきっかけになった。そのときのことを白木氏はこう振り返る。

「皇居の周辺を散歩していたら、どこか忘れてしまったのですが白書を数多く置いている書店があったんですね。そこに立ち寄り特許白書を手に取り見たところ、『日本は米国に対し、貿易金額の10分の1相当の特許使用料を支払っている』という記述がありビックリしたんです。このとき、これはおかしいと思い、日本でもっと発明を盛んにしなければならないという思いを強く持ちました」

それからというもの、白木氏は大学内に特許研究部を設立し発明に没頭した。特許研究部ではいろんな試作品をつくったり、KJ法やブレーンストーミングといったアイデア発想法を勉強したほか、他校と連携して日本学生アイデア連盟という組織を設立したほどだった。なお、弁理士や特許庁の審査官には東京理科大出身者が多く、そのなかでも特許研究部の出身者がかなりの数を占めているといわれている。

モータに出会ったのもこのころのことだった。きっかけは、当時東京理科大の教授をしていた伴五紀氏の研究室に入ったこと。ブラシの代わりにトランジスタでモータを回転させるブラシレスモータの開発に取り組んだという。

白木氏は1972(昭和47)年に大学を卒業すると、伴氏が設立したセコー技研に入社し、モータの開発により注力することになる。シコーのモータのベースになっているコアレスモータについても、セコー技研に入社した当時にチャレンジしたもので、1972年に原理に関する特許を出願している。それから4年後の1976年に独立し、シコーを設立した。

インテルとモトローラが認めた高い技術力

シコーのモータは米国企業での大量採用から火がつき、大ヒットに結びついたものが多い。例えばファンモータはインテル、振動モータはモトローラに採用されたことがきっかけで、その後多くの日本企業でも利用されるようになった。

ファンモータの開発に着手したのは1984年。1993(平成5)年には当時世界最小の

白木　学氏

40㎜角×10㎜厚にまで小型・薄型化した。このモータにインテルは注目し、CPU「ペンティアム」の発熱対策として1994年に正式採用を決定、翌1995年に公式仕様書で標準部品と定められた。

インテルにファンモータが採用されたときのことを、白木氏はこう語る。

「ファンモータは秋葉原の電気街で細々と売っていたのですが、インテルの技術者が秋葉原で私たちのファンモータを見つけ、暮れも押し迫った1994年12月27日に20万個注文をしてきました。それまで月1万～2万個の生産量だったので、最初は数を間違えて注文してきたのではないかと思ったほどです。しかし確認したところ、間違いでないとわかり、慌てて部品をかき集め生産しました。納期の1月5日には全量納品できませんでしたが、何回かに分けて少しずつ納品することで対応しました」

インテルも、日本は年末年始が休みだということは百も承知していた。しかし、それでもなお、大量のモータを短納期でシコーに発注したのは、それだけ切羽詰まっていたからにほかならない。窮地に立っていたインテルをシコーが見事に救ったのである。

その後ファンモータはパソコン以外にも用途が拡大し、現在は電子炊飯器（ＩＨジャー）やカーナビ、カーオーディオ、複写機といった電子機器に使用されるようになった。小型・薄型化もさらに進み、現在、15㎜角×８㎜厚という世界最小サイズもラインナップしている。

一方の振動モータは、１９９４年に開発された直径４㎜ 重さ０・７５ｇという、当時としては世界最小の円筒型モータがベースになった。翌１９９５年に、このモータに分銅をつけた振動モータをモトローラがページャー（ポケベル）に採用した。

このモータでモトローラは、ページャーに無音で着信を知らせるバイブレータ機能を実現。後に携帯電話にも採用され、成功を収めた。サイズもさらに小型になり、現在の最小サイズは直径２・８㎜。これも世界最小である。

また、現在力を入れ急速に伸びているＡＦリニアモータは２００３年に開発され、さっそくシャープ製の携帯電話に採用された。レンズの駆動が瞬時に完了するほか、レンズ支持用シャフトが不要なため光軸のズレが発生しない。サイズは当初、14㎜×13㎜であったが、携帯電話の小型化に合わせてあっという間に、９・５㎜角にまでダウンサイジングされた。

ファンモータの構造（断面の模式図）

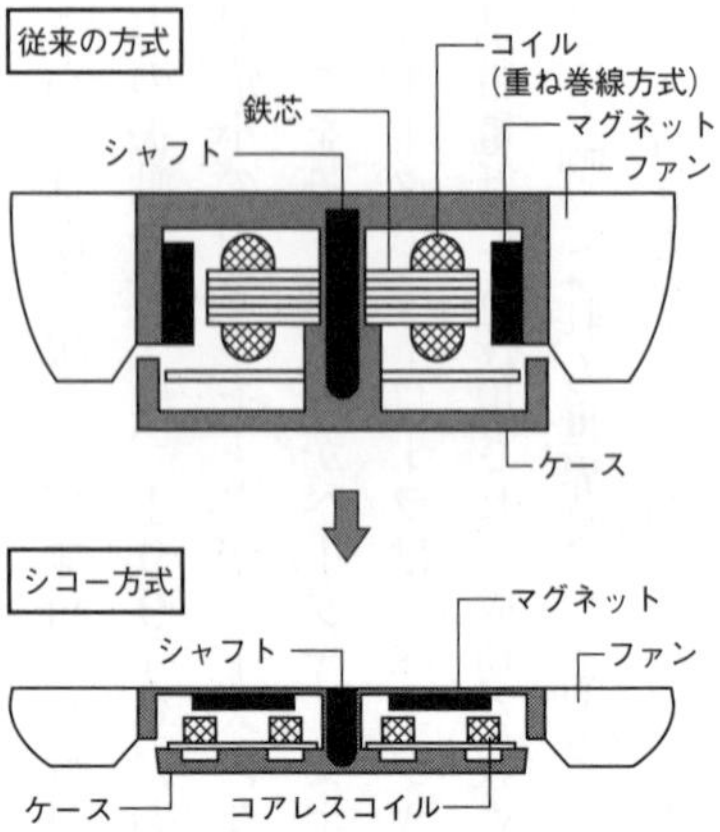

従来のモータは、鉄芯にコイルを巻くことでトルク（回転力）を得ていたが、構造上、小型・薄型化には限界があった。シコーでは、鉄芯を使わないコアレス方式のモータ開発に成功し、小型化に拍車をかけた。シンプルな構造で、効率や耐久性も向上した

良い発明には報奨金を

設立時からしばらくの間、シコーはモータの開発だけに特化し、技術契約を結んだ企業に技術指導・提供することで顧問料やロイヤルティーを得るという事業を展開していた。契約企業には大手自動車部品メーカーなどが多数名を連ねていた。

だが、契約企業が海外に工場をシフトしたため、特許出願に関する考えを見直すことになった。「契約企業からロイヤルティーがいただけなくなり、日本だけで特許を取っても意味もない、ということがわかりました」と白木氏。この教訓から、シコーの特許は重要なものは日本

で出願するものの、多くは中国や韓国、米国といった外国に出願するようになった。

また、多くの特許を持っているが故に、その維持費用に高さに悩まされるという。「できれば、特許年金をもっと安くしてほしいですね。そうすれば中小企業からの出願も増えていくのではないでしょうか。それから、よい発明をした人には、国から高額な報奨金を出すような画期的な制度があってもいいですね」と白木氏は言う。その後、その声を反映するかのように特許法が改正され、2008年6月から特許料や特許出願料、商標登録料などが引き下げられた。

特許取得費用と維持年金に年間数千万円もかかることから、特許の出願や更新には気を配る。まず出願については、顧問弁理士と発明者、特許担当部門の三者で出願を検討したものを、白木氏が出願先を指示し絞り込む。その後審査請求をするか否か、そして登録した特許を持ち続けるか否か、といったことについても、白木氏から判断が示される。

「特許権リスク回避契約」で仲間を増やす

出願先の絞り込み以外にも、シコーの知財戦略には次の3つの柱がある。

まず1つ目の柱は基本パテントの活用。これには、基本パテントをデファクトスタンダード（事実上の標準）とする狙いがある。そのためシコーでは、仲のいい同業他社と「特許権リスク回避契約」というユニークな契約を結ぶ。

世界最小の製品群

振動モータ
（写真は4.0φ）

ファンモータ
15㎜角×8㎜厚

オートフォーカス用
リニアモータ

この契約は、契約を結ぶ以前に双方が知らずに特許を侵害していた場合は当事者、ユーザーに対して権利の主張を行わず、契約後に侵害が見つかった場合も話し合いで紳士的に解決するというもの。つまり、権利を守るところとは共生してＷｉｎ－Ｗｉｎの関係を築き、特許を活用する仲間を増やすのである。

２つ目の柱は漏れのない出願。パテントマップを作成し、強み（権利化が十分になされているところ）と弱み（権利化が手薄なところ）を把握する。この結果明らかになった弱いところの開発を強化し、権利化に結びつける。

そして３つ目の柱は人材育成。シコーでは新人のときから知財教育には力を入れるという。神奈川県産業技術センターから特許情報活用支援アドバイザーを派遣してもらい、特許教育を実施するほか、ＯＪＴで出願テクニックなどを教え込んでいく。

松下幸之助氏との不思議な縁

白木氏が日本学生アイデア連盟をつくり会長を務めていたとき、松下電器の創業者である松下幸之助氏に講演の依頼をしたことがある。だが、松下電器を訪問しても会うことができなかったため、警察から不審者と思われ追いかけられながらも松下氏の自宅周辺をウロウロしたという。そのときの状況を白木氏はこう振り返る。

「松下さんの自宅前で待っていたところ、警察官が来たので事情を説明したのですが、警察は『そんなことはダメだ』と言うんです。警察にそんなことを言われる筋合いはなかったのですが、警察の言い分は『道は歩くところ。立つところではないのだから、歩かなければならない』。そんなバカな理屈はないと思いながらも仕方なく警察官が去るまで松下さんの自宅周辺をぐるぐる歩き回ったんです。そうしたら、パトカーがずっと後ろをついてくる始末。ぐるぐる歩き回って汗をたっぷりかき疲れたので、諦めて近所の銭湯で汗を流し、涼しくなった夕方になってもう一度訪れてみたところ、車を入れようとして女性がガレージを開けているところを見かけました」

チャンスと見た白木氏は、その女性に事情をすべて説明し、ガレージで待たせてもらうことになった。そして、しばらくの後、松下氏の自宅から白木氏を招き入れる声があり、自宅に入ることを許された。白木氏の執念が見事に実り、見事に第一関門を突破することができたのである。

だが、当時の松下氏は病の身であり面会は叶わず、結局講演は実現しなかった。松下氏本人に会い講演を依頼するという第二関門は突破できなかった。

この件以降、白木氏は松下氏に会うこともなく、松下氏は1989年に亡くなった。ところが、「あるとき、夢のなかに松下幸之助さんが現れたんです」と白木氏は明かす。これはどういうことか？

話は、シコーが2004年に東証マザーズに上場する直前に遡る。

当時の白木氏は、経営面での心配事や上場できるかどうかの不安が絶えないときだった。そんなあるとき、夢のなかに松下氏が現れ、「白木君、事業はうまくいくようになっていますよ。信じてやりなさい」と告げたというのだ。

「それまで松下幸之助さんの夢は一度も見たことがありませんでした。夢の中で松下さんは『信じてやりなさい』と言いましたが、私は『何を信じればいいのですか？』と質問したところ、松下さんはスーッと消えていってしまいました。きっと先回りした将来を見てきてくれていたんでしょうね」

この夢をきっかけにして、不安や心配に苛まれていた白木氏はそれらを吹っ切ることができたという。松下氏の予言通り、シコーは東証マザーズに無事上場を果たし、事業は順調に進んでいった。そして、何を信じればいいのかを事業を進めていくなかで自分なりに考えた結果、信じるものは自分の考え、社員、お客さまだと確信するに至った。

設立当初から他社の物真似をすることなく、自分たちが欲しいと思った独創的なモータを開発し続けてしたシコー。これまで白木氏が中心になって技術を開発し特許を取得してきたが、最近は若手社員が責任をもって自らチャレンジする姿勢が見られるようになってきたという。白木氏が自分の考えを信じ、独創性を追求してきたからこそ、特許を核にしたシコーにしかできないモノを発明し続けるというポリシーが社内に浸透したのである。

企業データ

・**根本特殊化学株式会社**

資本金　9900万円
所在地　東京都杉並区上荻1-15-1
従業員　42人
ＵＲＬ　http://www.nemoto.co.jp/

・**武田レッグウェアー株式会社**

資本金　2000万円
所在地　埼玉県富士見市水子4933
従業員　9人
ＵＲＬ　http://www.bigtoe-takeda.com

・**株式会社フクハラ**

資本金　1500万円
所在地　横浜市瀬谷区阿久和西1-15-5
従業員　75人
ＵＲＬ　http://www.fukuhara-net.co.jp

・**シコー株式会社**

資本金　22億1209万円
所在地　神奈川県大和市下鶴間3854-1
従業員　52人
ＵＲＬ　http://www.shicoh.com

おわりに　～経営者にみるドクソー企業の共通点

本書のベースとなった「発明」誌の連載は約2年半に及んだ。2年半という時間は長いようで短く、短いようで長い。取材当時から社名が変わったところもあれば、取材に応じていただいた経営者の立場が変わられたりしたケースもあった。本書の制作過程で、時の流れというものを何度も意識させられたものである。

ここで、本書をまとめる過程で感じたちょっと変わった時の流れについて紹介したい。

レーザーターンテーブルを開発したエルプの記事に加筆するために、社長の千葉三樹氏を再び取材したときのことだ。千葉氏に会うのは連載での取材以来2年数カ月ぶりだったが、どう見ても以前お会いしたときより若く精悍な顔つきになっていた。千葉氏は2008年で68歳。若返って見えることなど考えられない年齢だが、「以前お会いしたときより若く見えます」と率直に千葉氏に話すと、千葉氏から「そう言ってもらえて嬉しい」と言われ喜ばれた。

千葉氏が喜んだのは、何も年齢より若く見られたからではなく、健康だと見られたからであろう。本文でも触れているように、千葉氏は大病の経験もなければ持病も持っていない。そんな千葉氏は、厳しい局面での舵取りを迫られることもある経営者には正しい判断をするうえで健康は不可欠だと考えているから、健康的に見られたことを素直に喜んだと思われる。

しかし振り返ってみると、千葉氏に限らず取材でお会いした19人の経営者全員が健康的で、バイタリティーに満ちていた。70歳を超えた方もかなりいたが、リタイヤしてもおかしくない年齢ながらバイタリティーに満ちているのは、仕事が好きだからであろう。仕事が好きだからこそ、たとえ困難に直面しても乗り越えられる気がする。

また、仕事が好きな人ほど、夢を語れる傾向があるように思える。実は取材では必ず、経営者の人となりを浮かび上がらせるために、これからの夢について唐突に聞いてきたが、ほとんどの人が何らかの夢を語ってくださった。夢の内容は、会社の維持・発展に関するものから、社会貢献を意識したものまでさまざまだが、語れる夢があるということは、前進したいという意思を持っているということである。夢があるからこそ、何があっても明日に向かって頑張れるのだろう。

19社のドクソー企業を取材して気がついた経営者の共通点は健康、仕事が好き、夢が語れる、の3点だった。断定はできないが、これがドクソー企業の経営者に不可欠な資質なのかもしれない。この件については、別の機会に検証してみたい。

こうしてまとめ終えると、取材に応じていただいた経営者1人ひとりの顔が浮かんでくる。

ほとんどの方が創業者でもあったためだろうが、サラリーマン社長にはない独特かつ強烈な個性が印象に残ることが多かった。そんな人たちと接していると、取材しながらなぜか、元気をもらうこともあった。

最後に、月刊誌「発明」に連載の機会を与えていただき、本書の出版まで企画していただいた社団法人発明協会・出版チームに御礼申し上げます。とくに、連載の企画から本書の企画まで一連の流れにずっとかかわっていただいた橋岡智和氏の協力がなければ、ここまでくることはできませんでした。橋岡氏には、いくら感謝してもし足りないほどです。

そして何よりも、忙しいなか時間を割いて取材に応じていただいた19社の経営者の方々に、改めて感謝申し上げます。

2008年夏　大澤 裕司

大澤裕司（おおさわ　ゆうじ）

1969年、東京都生まれ。月刊誌の編集者などを経て、2004年からフリーライターに。以来、製造業の技術開発や生産技術、生産管理を中心に、雑誌やインターネット向けに記事を執筆する。企業広報誌の企画・編集・執筆などにも携わっている。

これがドクソー企業だ

2008(平成20)年8月29日　初版発行

著　者　大澤　裕司

発　行　社団法人　発明協会

発行所　社団法人　発明協会
所在地　〒105-0001
東京都港区虎ノ門２－９－14
電　話　03（3502）5433（編集）
03（3502）5491（販売）
ＦＡＸ　03（5512）7567（販売）

乱丁・落丁本はお取替えいたします。

ISBN978-4-8271-0909-2 C0034

印刷：藤原印刷㈱
Printed in Japan

発明協会ホームページ：http://www.jiii.or.jp/